A tragédia do
REI LEAR

A tragédia do
REI LEAR

WILLIAM SHAKESPEARE

Tradução e notas
GENTIL SARAIVA JR.

MARTIN CLARET

© *Copyright* desta tradução: Editora Martin Claret Ltda., 2016.

DIREÇÃO
Martin Claret

PRODUÇÃO EDITORIAL
Carolina Marani Lima
Mayara Zucheli

DIREÇÃO DE ARTE E CAPA
José Duarte T. de Castro

DIAGRAMAÇÃO
Giovana Gatti Quadrotti

REVISÃO TÉCNICA
Lauren Couto

REVISÃO
Eliana dos Santos Nakashima

IMPRESSÃO E ACABAMENTO
Paulus Gráfica

Este livro segue o novo Acordo Ortográfico da Língua Portuguesa.

Dados Internacionais de Catalogação na Publicação (CIP)
(Câmara Brasileira do Livro, SP, Brasil)

Shakespeare, William, 1564-1616
  A tragédia do Rei Lear / William Shakespeare; tradução Gentil Saraiva Jr. – São Paulo: Editora Martin Claret, 2017.

Título original: King Lear
ISBN 978-85-440-0157-8

1. Teatro inglês -   I. Título.

17-06982   CDD-822.33

Índices para catálogo sistemático:
1. Teatro: Literatura inglesa   822.33

EDITORA MARTIN CLARET LTDA.
Rua Alegrete, 62 – Bairro Sumaré – CEP: 01254-010 – São Paulo, SP
Tel.: (11) 3672-8144 – www.martinclaret.com.br
Impresso em 2017

SUMÁRIO

Prefácio   7

A TRAGÉDIA DO REI LEAR

Notas do tradutor   17
Personagens   19

Ato I

Cena I. Palácio do Rei Lear   21
Cena II. Castelo do conde de Gloucester   36
Cena III. Palácio do duque de Albânia   44
Cena IV. Um salão no mesmo palácio   45
Cena V. Na mesma corte   62

Ato II

Cena I. Castelo de Gloucester   67
Cena II. Diante do castelo de Gloucester   73
Cena III. Um bosque   82
Cena IV. Em frente ao castelo de Gloucester. Kent no tronco   83

Ato III

Cena I. Uma charneca   101
Cena II. Outa parte da charneca   103

Cena III. Castelo de Gloucester   107
Cena IV. A charneca diante da choça   108
Cena V. Castelo de Gloucester   117
Cena VI. Um aposento em uma casa de fazenda
     anexa ao castelo   119
Cena VII. Castelo de Gloucester   122

Ato IV

Cena I. A charneca   129
Cena II. Diante do palácio de Albânia   133
Cena III. O acampamento francês perto de Dover   137
Cena IV. Castelo de Gloucester   138
Cena V. Campos perto de Dover   141
Cena VI. Uma barraca no acampamento francês
     perto de Dover. Lear dormindo numa cama   156

Ato V

Cena I. O acampamento britânico, perto de Dover   161
Cena II. Um campo entre os dois acampamentos   165
Cena III. O acampamento britânico perto de Dover   166

Sobre o tradutor   185

PREFÁCIO

A TRAGÉDIA DO REI LEAR, UM MARCO DO INÍCIO DA IDADE MODERNA

SANDRA SIRANGELO MAGGIO*

Nos manuais de História Geral, a Idade Moderna inicia com a conquista da América, na virada do século XV para o XVI. Portanto, William Shakespeare, que nasceu em 1564 e morreu em 1616, já é um homem moderno, que viveu em um período de grandes mudanças, várias delas refletidas em *A tragédia do Rei Lear*, a peça que conta a história do velho rei que decide dividir seu reino entre as três filhas. Fazendo isso, Lear imagina que aliviará o peso de suas responsabilidades, continuando a receber todo o respeito que costumava ser dedicado aos anciãos na Antiguidade e na Idade Média. Acredita que assim poderá descansar um pouco mais, aproveitando melhor os anos que ainda lhe restam. Ele se engana quando pensa que poderá tratar suas filhas (e respectivos maridos) como auxiliares, desfrutando do melhor de dois mundos, tendo ajudantes zelosos que farão tudo de acordo com as orientações que lhes transmitir. O rei Lear não percebe que está prensado entre duas épocas, não entende que chegou o tempo em que a sabedoria da idade e da experiência se tornou uma quimera obsoleta. Quando passa a ser ignorado, desconsiderado e tratado como um estorvo, Lear enlouquece.

Se observarmos a produção de William Shakespeare, veremos que ele não costuma criar o enredo de suas peças. Prefere recontar histórias antigas conhecidas, modificando certos detalhes, quando

---

* Professora de literaturas de língua inglesa dos programas de graduação e pós-graduação em Letras da Universidade Federal do Rio Grande do Sul. Atua em atividades de ensino, pesquisa e extensão, tendo como foco principal de estudo a literatura dos períodos vitoriano e eduardiano.

necessário, e acrescentando teias secundárias. No caso de *Rei Lear*, Shakespeare retoma uma lenda pré-histórica bretã recorrente no folclore oral do País de Gales, sobre um rei — o termo certo seria o chefe de um clã — chamado Lÿr. A versão escrita mais antiga existente é a de Geoffrey de Monmouth (1138), que no século XII aborda o tema sob o viés normando, já nos tempos do feudalismo, o que justifica seu empenho em alertar sobre a importância de um rei nunca dividir o território. Na versão de Monmouth a história termina bem, quando Lear, com a ajuda da filha Cordélia, consegue retomar sua posição.

Da mesma forma como sabemos que Shakespeare não costuma criar suas histórias, percebemos que, quando alguma coisa muda, existe uma razão para isso acontecer. Talvez para mostrar que os velhos códigos estão diferentes, é introduzida a linha de ação do Conde de Gloucester e seus dois filhos, o legítimo Edgar, honesto e confiável, mas insosso; e o bastardo Edmund, traiçoeiro e perigoso, mas muito interessante. Outra personagem criada por Shakespeare é o Bobo da Corte, responsável pelas grandes tiradas irônicas, pelo alívio cômico e pelas expressões de múltiplos sentidos. Esses acréscimos contribuem para acentuar o *pathos* de Lear, provocando no espectador e no leitor um efeito de empatia para com o desamparo e a fragilidade do velho rei abandonado, que encontra na demência o único alívio para sua dor lancinante. A situação de Lear nos lembra a de outro velho senil, Dom Alonso Quijano, o protagonista de *Dom Quixote*, obra publicada por Cervantes em 1605, o mesmo ano em que *Rei Lear* estava sendo composta.

Voltemos à pergunta inicial: "O que Shakespeare está mudando, e por quê?" Parece que o objetivo dos acréscimos é nos aproximar emocionalmente de Lear. Indo direto ao ponto, Shakespeare está fazendo aquilo que ele é pago para fazer: está defendendo os interesses do seu patrono, o Rei James I da Inglaterra. Durante seus 52 anos de vida, William Shakespeare serviu a dois monarcas. Nasceu no sexto ano do reinado de Elizabeth I, graças a quem conseguiu se firmar como o maior dramaturgo de Londres. Shakespeare tinha 39 anos quando a Rainha Elizabeth I morreu e foi sucedida no trono por seu primo escocês James Stuart, que reinou como James I da Inglaterra e James VI da Escócia a partir de 1603. Foi o fim da Dinastia Tudor e o início da Dinastia Stuart. A partir dali, Shakespeare e seu grupo de teatro passaram para a tutela do novo rei, sendo promovidos de "The Lord Chamberlain's Men" para "The King's Men".

Como os ingleses não estavam satisfeitos por serem governados por um escocês, uma das principais funções daqueles que — como Shakespeare — trabalhavam para a corte era manter esse descontentamento dentro de limites aceitáveis. Basicamente, Shakespeare continuou fazendo para James Stuart o que fizera antes para Elizabeth Tudor: criava histórias que contribuíam para a manutenção da ordem social, reforçando as ideias absolutistas sobre o poder divino do rei e apresentando as punições terríveis que recaem sobre quem tenta matar seu soberano. O reinado de James I foi instituído em 1603. Dois anos depois, no dia cinco de novembro de 1605, ocorreu o episódio conhecido como Conspiração da Pólvora, uma tentativa malograda de explodir a Câmara dos Lordes durante uma sessão do Parlamento na qual o rei estava presente. A partir dali Shakespeare entrou em ação, criando *Rei Lear* e *Macbeth*, ambas encenadas pela primeira vez em 1606, e lançando, em 1609, *Hamlet*, que havia sido escrita dez anos antes para a Rainha Elizabeth I, mas que nunca havia sido apresentada.

Não temos como definir até que ponto essa estratégia de provocar empatia e medo para com a figura do rei funcionou ou não. Mas o certo é que o Rei James I não foi assassinado. Já não se pode dizer o mesmo sobre seu filho e sucessor, Charles I, decapitado em 1649 durante a Guerra Civil Inglesa. Charles I não tinha nem a diplomacia de seu pai, nem Shakespeare para dar conta de represar o descontentamento dos ingleses. O que nunca iremos descobrir é se o esforço de Shakespeare para manter James I vivo não acabou, por efeito rebote, contribuindo para a morte de seu filho, Charles I, na geração seguinte.

Mas numa peça de Shakespeare o que interessa, mais do que qualquer outra coisa, é o tratamento da linguagem, especialmente quanto à sonoridade. Se o público de hoje vai ao teatro para "assistir" a uma peça, no século XVII as pessoas iam para "ouvir" uma peça. Naquela época não havia cenário, nem figurino, nem atrizes para interpretar os papéis femininos. Só existiam o ator, a sua fala, e o talento com que ela era apresentada. As peças podiam durar mais de quatro horas. Se o ator e o texto fossem bons, a plateia ficaria ali, a céu aberto, em pé, hipnotizada, fosse verão ou inverno, estivesse nevando, chovendo ou fazendo calor.

Em Shakespeare, os plebeus falam em prosa. Sua linguagem é geralmente cômica, rústica, irônica e cheia de trocadilhos e jogos de palavras. Os nobres falam em um tipo especial de verso, o pentâmetro jâmbico (*Jambic pentametre*), que é a métrica que melhor se adapta à sonoridade da língua inglesa. Pentâmetro significa cinco pés, ou dez sílabas. Em português seria um decassílabo. Jâmbico quer dizer que, no pé, composto de duas sílabas, a primeira é átona e a segunda é tônica: taRÁ, taRÁ, taRÁ, taRÁ, taRÁ. A peculiaridade do pentâmetro de Shakespeare é que ele nem sempre é rígido, às vezes muda. Se fosse o pentâmetro jâmbico de Alexander Pope, do século XVIII, o verso seria matematicamente preciso, sem admitir qualquer variação, porque Pope é um neoclássico cartesiano. Shakespeare é mais livre, ele pode inverter alguma coisa a qualquer momento, se achar que isso contribui para realçar o efeito proposto. Shakespeare usa a regra, mas predomina a força da intuição. Cicely Berry, professora de impostação vocal da Royal Shakespeare Company, ensina atores a usar o pentâmetro jâmbico para obter o efeito hipnótico que a música e a poesia exercem quando bem manobradas, atingindo o público em um nível primitivo e inconsciente que provoca a fruição mais intensa da obra.

Se os nobres falam em pentâmetro jâmbico e os plebeus em prosa, seres de outro tipo, como fadas, bruxas, fantasmas, adotam um verso mais curto, próprio para canções, o pentâmetro trocaico (*trochaic tetrametre*). O tetâmetro é formado por quatro pés, ou oito sílabas. O pé trocaico tem a primeira sílaba longa e a segunda breve.

O Bobo da Corte, em *Rei Lear*, alterna tipos diferentes de linguagem. Como não pertence à aristocracia, fala geralmente em prosa:

> *Fool: Canst tell how an oyster makes his shell?*
> *Lear: No.*
> *Fool: Nor I neither; but I can tell why a snail has a house.*

Lear: Why?
Fool: Why, to put's head in; not to give it away to his daughters, and leave his horns without a case. (1. 5. 24-30)

Por outro lado, o Bobo pode ser visto como um ser tão estranho como as bruxas ou fantasmas, porque pertence àquela tríade especial de personagens na literatura — o louco, o bêbado e o bobo — que apesar de serem socialmente invisíveis, e portanto ignorados, conseguem dizer as verdades inconvenientes que ninguém está disposto a verbalizar. Assim, o Bobo pode também falar por tetâmetros:

Her boat hath a leak,
And she must not speak... (3. 6. 26-27)

O Bobo pertence a uma categoria teatral muito apreciada, conhecida como *clowns*, que cumprem várias funções tanto técnicas quanto temáticas. São peças "curinga" (*the jester, the joker*), úteis, que podem preencher espaços com piadas e entretenimento enquanto alguma coisa precisa ser feita nos bastidores da peça. Em *Macbeth*, por exemplo, enquanto o porteiro caminha lentamente — dizendo a sua fala — para abrir a porta do castelo, os atores que interpretam Macbeth e Lady Macbeth têm tempo para trocar a roupa ensanguentada por uma limpa e voltar ao palco. Esse intervalo funciona também como "alívio cômico", aplacando alguma cena que de outra forma seria excessivamente opressiva, como é o caso da fala dos coveiros, em *Hamlet*. Essa capacidade que Shakespeare tem de emocionalmente trazer o público para dentro da cena, ou afastá-lo dela, é o que se chama de "ironia Shakespeariana". No drama daquela época é comum encontrarmos momentos cômicos nas tragédias e momentos trágicos nas comédias.

Historicamente, nas cortes medievais, o bobo era uma figura esteticamente inapropriada, engraçada e desbocada. Seu papel mais ostensivo era o de divertir. Mas se alguém prestasse atenção em suas falas perceberia que elas eram politicamente perigosas, já que o bobo tinha permissão para dizer o que quisesse, para quem quisesse. Assim, um rei disposto a ouvir qual a opinião geral sobre sua pessoa, seu reinado, ou sobre determinado evento ou indivíduo, teria acesso às informações se soubesse ouvir. O Bobo, em *Rei Lear*, está sempre ao lado do Rei, mas mais da metade de suas falas terminam por reticências, porque ele se torna tão inconveniente ao insistir em dizer o que Lear não quer ouvir, que termina sempre sendo interrompido. Ainda assim, resta alguém para escutar as falas do Bobo: a plateia, o que faz com que o Bobo recupere o papel do coro na tragédia clássica.

Com relação ao texto escrito de *Rei Lear*, existe toda uma história que às vezes passa despercebida. Apesar de Shakespeare haver ficado muito rico com o seu ofício, e de ter tido pretensões de um dia ser lembrado como um bom poeta, ele jamais imaginaria que suas peças seriam tão valorizadas. Quando uma produção era montada, cada ator recebia o manuscrito apenas com as suas falas individuais. Talvez no baú da trupe houvesse uma única cópia com o texto inteiro, que com o tempo, geralmente acabava picotada ou perdida. Tudo era feito a mão, porque imprimir um texto era muito caro. As edições de luxo tratavam apenas de poesia, ensaios filosóficos, textos religiosos e legais importantes. Esses livros eram finamente encadernados, o papel era de excelente qualidade e a folha era grande, com 22 cm por 34 cm. Esses livros chamavam-se *folios*, porque era usada uma folha inteira para cada página impressa. Havia também edições menores e menos caras, feitas com a folha dobrada pela metade, os quartos (11 cm por 17cm), as edições em octavo, e assim por diante.

No caso de peças muito populares, às vezes surgiam edições quarto para serem vendidas. Havia os *good quartos*, feitas com a permissão dos donos, que eram remunerados de alguma forma, e os *bad quartos*, ou as edições piratas. De *Rei Lear*, restaram o *Bad Quarto* de 1608 (ou Q1) e o *Good Quarto* de 1619 (ou Q2). Cada um tem muitos trechos que não existem no outro, e ambos têm partes faltando que são necessárias para a compreensão das falas em desenvolvimento.

Em 1623, sete anos depois da morte de Shakespeare, os editores Jaggard e Blount lançaram a primeira edição de luxo — um folio — que reunia tudo o que pôde ser resgatado da obra completa do autor. Nunca antes um folio havia sido usado para publicar peças de teatro popular. Para resolverem as inconsistências e preencherem as partes perdidas, os editores pesquisaram o texto das dezoito peças que haviam sido publicadas como quartos. Com a ajuda dos idealizadores do projeto, John Heminges e Henry Condell, dois membros da companhia de Shakespeare, que ainda estavam vivos e guardavam várias falas na memória, recuperaram ainda outras dezoito peças que nunca haviam sido publicadas até então. Da tiragem de cerca de 750 cópias da primeira edição, sabe-se o paradeiro de 233. De acordo com registros da Universidade do Arizona, um *First Folio* levado a leilão pela Christies, em 2001, atingiu o valor de 6.1 milhões de dólares (FIRSTFOLIO: 2017).

O problema com *Rei Lear* é que até a versão publicada no Folio tem quebras de continuidade. Isso fez com que começassem a surgir as *Conflations*, ou mesclas de edições diferentes, que misturam o Q1, o Q2 e o *First Folio* para encontrar possíveis soluções. Cada editor ou tradutor, precisa fazer as suas escolhas, como ocorreu também com o primoroso trabalho realizado pelo Prof. Dr. Gentil Saraiva Jr. ao elaborar esta tradução em verso de *Rei Lear* para a presente edição da Martin Claret. O Professor Gentil segue o texto do Folio e, quando necessário, resolve os trechos incompletos buscando nos quartos o auxílio para completar o sentido da fala. As escolhas de um tradutor fazem com que ele defina a cada passo quando privilegiar a riqueza de significados de um trecho, a sonoridade de outro, buscando a técnica certa para atingir no leitor um efeito semelhante ao provocado pelo texto original. Cada tradutor tem o seu estilo. A voz autoral do Professor Gentil, como tradutor de verso, tem uma marca bem definida, que decorre de uma longa experiência com o verso de língua inglesa. Ele traduziu, ao longo de quase três décadas, aos poucos, a obra poética completa de Walt Whitman para o português, bem como o livro de poemas *Chamber Music*, de James Joyce, o *Rubáiyát*, de Omar Kháyám, o *Essay on Man*, de Alexander Pope, entre outras proezas semelhantes. A estratégia do Professor Gentil para que o verso possa fluir bem na língua portuguesa — que tem palavras mais longas do que as da língua inglesa — é utilizar o verso alexandrino clássico, que além de ter um movimento médio de doze sílabas, permite eventualmente recuar para dez ou avançar para doze.

Dessa forma, o Professor Gentil faz o mesmo que Shakespeare: ambos seguem a regra quando que possível, mas não se acanham em rompê-la quando sentem que isso é o melhor a ser feito.

Sem mais, convido agora os leitores para iniciarem a leitura da história desse rei que cometeu o equívoco de não perceber que os tempos modernos haviam chegado.

REFERÊNCIAS:

BERRY, Cicely. *The Actor and the Text*. Nova York: Applause, 1997.

CERVANTES, Miguel de. *Dom Quixote*. Tradução de Ernani Ssó. 2 vol. São Paulo: Companhia das Letras, 2012.

FIRSTFOLIO. Disponível em: http://firstfolio.arizona.edu/content/first-folio-facts. Acesso em 25.05.2017.

MONMOUTH, Geoffrey of. *The History of the Kings of Britain*. Harmondsworth: Penguin, 1977.

SHAKESPEARE, William. *Hamlet*. London: The Arden Shakespeare, 2006.

_____. *King Lear*. London: The Arden Shakespeare, 1997.

_____. *Macbeth*. London: The Arden Shakespeare, 2015.

A TRAGÉDIA DO REI LEAR

NOTA DO TRADUTOR

O texto utilizado na tradução ao português da peça *A Tragédia do Rei Lear*, de Shakespeare, foi:
The Tragedy of King Lear, The Folio Text (1623);
William Shakespeare, *The Complete Works*, Compact Edition, Clarendon Press — Oxford, 1988.

No texto, é visualmente perceptível na página a diferença entre prosa e verso, tanto no original quanto nesta tradução, que verteu cada passagem de acordo com o original. De forma geral, os versos usados por Shakespeare são os pentâmetros iâmbicos. Ao passo que em pequenos trechos são utilizados outros tipos de versos, equivalentes em português a versos de cinco ou sete sílabas, e variações (isto também é visível no texto; aliás, nestes tipos de versos há mais ocorrência de rimas, que foram mantidas ao longo de toda a peça).

Quanto aos iambos, são pés (de verso) de duas sílabas métricas, na ordem átona / tônica, que, no grego, eram com sílabas breves / longas, devido à diferença linguística. Cincos pés compõem um pentâmetro com esse tipo de pé.

Na versificação em língua portuguesa, o ritmo é marcado pela acentuação, ou seja, a variação entre as sílabas tônicas e átonas, e o nome do verso é dado pelo seu número de sílabas (métricas, não o número normal, isto é, contadas até a última tônica). Assim, um pentâmetro iâmbico se torna, em tese, um decassílabo em nossa língua.

Como o português é uma língua mais analítica, ao contrário do inglês, que é mais sintético, tendemos a ter mais palavras para expressar o mesmo significado em português do que no inglês;

destarte, é extremamente difícil traduzir pentâmetros em decassílabos. No máximo, isso pode acontecer quando alguns versos saem naturalmente nesse metro. Nos demais casos, a meta foi traduzir utilizando quatorze sílabas métricas como limite máximo (o chamado alexandrino arcaico) e o decassílabo como limite mínimo. Talvez um ou outro verso tenha nove sílabas métricas devido ao puro acaso.

Dentro desse parâmetro, foram usados decassílabos com acentuações na terceira, sexta e décima sílabas, e na quarta, oitava e décima, bem como alexandrinos clássicos (ou franceses), com dois hemistíquios de seis sílabas métricas, com acentuações na terceira, sexta, nona e décima segunda sílabas. Como é impossível manter essa regularidade, também foram usados versos de onze e treze sílabas, com acentuações marcadas na terceira, sexta, nona e na última, e quarta, oitava, décima e / ou décima primeira e / ou décima terceira (e variações, já que às vezes o sentido não permite a troca de um termo por um similar, tendo em vista a precisão vocabular de Shakespeare).

Outro recurso utilizado em algumas passagens da tradução foi o *enjambement* (cavalgamento, encadeamento ou quebra de verso), para evitar que os versos tivessem mais que quatorze sílabas métricas, pois, em muitos casos havia versos com menos sílabas logo depois de um mais longo, e assim foi possível transferir termos para o verso seguinte sem perder o ritmo ou a meta global máxima estabelecida (não foi estudado o uso disso na obra original).

Um outro aspecto a ser considerado é o uso da segunda pessoa do discurso, tanto singular quanto plural (tu, vós, você e pronomes de tratamento), sendo que no original há uma variação de uso, especialmente na segunda pessoa do singular entre os termos You e Thou (este seria uma antiga forma de Tu no inglês). A partir das pesquisas feitas na preparação para a tradução, há distinção no texto da peça entre You e Thou (no singular), pois várias vezes existe alternância entre os dois termos nas falas e, às vezes, inclusive dentro de uma mesma fala dirigida a um mesmo personagem. Sendo assim, o uso de cada pronome foi feito dentro da relação de cada personagem com os outros, especialmente com o Rei Lear. A variação do uso do pronome está de acordo com a peça, não é um uso aleatório nem errôneo.

PERSONAGENS:

LEAR, rei da Bretanha
GONERIL, filha mais velha de Lear
DUQUE DE ALBÂNIA, marido de Goneril
REGAN, segunda filha de Lear
DUQUE DE CORNUALHA, seu marido
CORDÉLIA, filha mais jovem de Lear
REI DA FRANÇA, pretendente de Cordélia
DUQUE DE BORGONHA, pretendente de Cordélia
CONDE DE KENT, depois disfarçado como Caio
CONDE DE GLOUCESTER[1]
EDGAR, filho mais velho de Gloucester, depois disfarçado como
    Tom o'Bedlam (o mendigo Pobre Tom)
EDMUNDO, filho bastardo de Gloucester
CURAN, um cortesão
VELHO, rendeiro de Gloucester
MÉDICO
BOBO DE LEAR
OSVALDO, mordomo de Goneril
CAPITÃO, às ordens de Edmundo
FIDALGOS a serviço de Lear
ARAUTO
CAVALEIRO
Um fidalgo a serviço de Cordélia
Criados do Duque de Cornualha
Cavalheiros, criados, soldados, serviçais, mensageiros

---

[1] Pronuncia-se "Glóster".

ATO I

CENA I. PALÁCIO DO REI LEAR.

Entram o Conde de Kent, o Conde de Gloucester e Edmundo

KENT
Pensei que o Rei tinha mais afeição pelo Duque de Albânia do que pelo de Cornualha.

GLOUCESTER
Sempre nos pareceu assim, mas agora, na divisão do reino, não aparece qual dos duques ele valoriza mais; pois as qualidades estão tão equilibradas que nenhuma análise deles pode indicar quem foi mais beneficiado.

KENT
Este não é teu filho, meu senhor?

GLOUCESTER
Sua criação, senhor, esteve a meu cargo. Eu tenho corado com tanta frequência em reconhecê-lo que agora estou acostumado.

KENT
Não consigo conceber-te aí.

GLOUCESTER
Senhor, a mãe deste jovem conseguiu: pois seu útero cresceu e ela teve, de fato, senhor, um filho pra seu berço antes que tivesse um marido pra sua cama. Farejas uma falta?

KENT
Não posso desejar a falta desfeita, sendo o resultado dela tão bonito.

GLOUCESTER
Mas eu tenho um filho, senhor, de forma legítima, coisa de um ano mais velho que este, por quem, no entanto, não tenho mais apreço. Embora este velhaco tenha vindo impudentemente ao mundo antes que fosse requisitado, porém sua mãe era bela, houve boa diversão em sua feitura, e o bastardo deve ser reconhecido. (*Para Edmundo*) Conheces este nobre cavalheiro, Edmundo?

EDMUNDO
Não, meu senhor.

GLOUCESTER (*para Edmundo*)
Meu senhor de Kent. Recorda-o daqui em diante como meu honorável amigo.

EDMUNDO (*para Kent*)
Meus préstimos a vossa senhoria.

KENT
Devo amar-te, e buscar conhecer-te melhor.

EDMUNDO
Senhor, me esforçarei para merecer.

GLOUCESTER (*para Kent*)
Ele esteve fora nove anos, e fora estará de novo.
 Fanfarra

O Rei está vindo.
Entram Rei Lear, os Duques de Cornualha e Albânia, Goneril, Regan, Cordélia e criados

LEAR
Acompanha os senhores de França e Borgonha, Gloucester.

GLOUCESTER
Acompanharei, meu senhor.
Saem Gloucester e Edmundo

LEAR
Enquanto isso, exporemos nosso intento mais sombrio.[1]
Dai-me o mapa aí. Saibais que dividimos
Em três nosso reino e é nosso firme propósito
Livrar a nossa idade de cuidados e negócio,
Concedendo-os a forças mais jovens enquanto
Sem fardos rastejamos para a morte.
Nosso filho[2] de Cornualha, e tu,
Nosso não menos filho amado de Albânia,
Temos nesta hora uma tenaz vontade de indicar
Os dotes próprios de nossas filhas, que rixa póstera
Seja evitada agora. Os príncipes França e Borgonha —
Grandes rivais no amor de nossa filha mais jovem —
Por longo tempo em nosso paço[3] têm feito sua corte,
E aqui terão nossa resposta. Filhas, dizei-me —
Já que agora nos despojaremos de regra,
Demanda de território, questões de estado —
Qual de vós poderemos dizer que nos ama mais,
Que nosso maior prêmio possamos dispor

---

[1] A intenção secreta da reunião, como se verá a seguir, que é a divisão do reino.
[2] Na verdade, genro, marido de Regan.
[3] Palácio, residência de soberano, tem o mesmo sentido que corte, como lugar, pra evitar repetição na frase, já que esta palavra é usada como galanteio ao final do verso.

Onde a afeição disputa com o mérito? Goneril,
Nossa filha mais velha, falará primeiro.

GONERIL
Senhor, amo-vos mais que as palavras possam exprimir;
Mais querido que vista, espaço[4] e liberdade;
Pra além do que pode ser estimado, rico ou raro,
Igual à vida; com saúde, graça, beleza, honra;
Tanto quanto uma criança já amou ou pai sentiu;
Um amor que torna pobre o alento e inapta a fala.[5]
Além de toda quantidade eu te amo.

CORDÉLIA (à parte)
O que dirá Cordélia? Amar e ficar muda.

LEAR (*para Goneril*)
De todos estes lindes, desta linha até esta,
Com florestas sombrias e planícies férteis,
Com rios abundantes e espraiados prados,
Tornamos-te senhora. Seja isso perpétuo
À tua prole e de Albânia. — O que diz a segunda filha?
Nossa muito querida Regan, esposa de Cornualha?

REGAN
Eu sou feita da mesma fibra[6] que minha irmã,
E me avalia pelo seu valor. De coração,
Vejo que ela descreve meu mero ato de amor —
Só que ela falha, que eu professe

---

[4] No sentido de tamanho de propriedade.
[5] Exemplo de verso com seis pés iâmbicos (feito com sílabas átonas seguidas de sílabas tônicas). E o verso seguinte é um pentâmetro iâmbico.
[6] *Mettle*, que significa caráter, temperamento, índole, ânimo, brio, valor, coragem, tem a mesma origem do termo *metal* (do francês antigo, que veio do latim *metallum*); a partir de 1700, apareceu a variação "*mettle*", com o sentido figurativo de força de caráter. A escolha do termo fibra se deve à sua dupla significância, psicológica e material, veiculada pelo original.

Eu mesma uma inimiga de todos outros júbilos
Que o sentido mais justo e precioso possui,
E vejo que somente sou feliz
No amor de vossa cara alteza.

CORDÉLIA (à parte)
Então, pobre Cordélia —
E, no entanto, nem tanto, pois tenho certeza
Que meu amor é mais pesado que minha língua.

LEAR (*para Regan*)
A ti e a teus herdeiros sempre
Perdure este amplo terço de nosso belo reino,
Não menos em espaço, valor e prazer
Do que aquele dado à Goneril. (*para Cordélia*) Nossa alegria, agora,
Não obstante nossa última e caçula, a cujo jovem
Amor o leite de Borgonha e vinhas de França
Envidam interesse: que podes dizer pra haurir
Um terço mais profuso do que tuas irmãs? Fala.

CORDÉLIA
Nada, meu senhor.

LEAR
Nada?

CORDÉLIA
Nada.

LEAR
Nada virá de nada. Fala novamente.

CORDÉLIA
Infeliz que sou, não consigo erguer meu coração
À minha boca. Amo vossa majestade
De acordo com meu vínculo, nem mais nem menos.

LEAR
Como, como, Cordélia? Retifica um pouco
Teu discurso pra não mutilares tua sorte.

CORDÉLIA
                              Meu bom senhor,
Vós[7] me gerastes, criastes, me amastes,
Retorno estes deveres de forma correta —
Obedecer-vos, amar-vos, e muito honrar-vos.
Por que minhas irmãs têm maridos se dizem
Que vos amam em tudo? Talvez quando me casar
O senhor cuja mão tomar meu voto levará
Metade de meu amor, cuidados e dever.
Nunca me casarei, por certo, como minhas irmãs.

LEAR
Mas vai teu coração com isso?

CORDÉLIA
Sim, meu bom senhor.

LEAR
Tão jovem e tão indelicada?

CORDÉLIA
Tão jovem, meu senhor, e verdadeira.

LEAR
Que assim seja. Teu dote será tua verdade, então;
Pelo esplendor sagrado do sol,
Pelos mistérios de Hécate e da noite,

---

[7] Pronome pessoal, segunda pessoa do plural, que pode ser usado para se referir a pessoas, individualmente, em altos postos reais ou eclesiásticos.

Por toda a operação dos orbes[8] a partir de quem
Existimos de fato e cessamos de ser,
Aqui renego todo meu cuidado paterno,
Propriedade de sangue e parentesco,
E como uma estranha a meu coração e a mim
Para sempre separo-te disso. O bárbaro Cita,[9]
Ou aquele que faz de seus filhos refeições
Para satisfazer seu apetite, será a meu peito
Tão bem aproximado, apiedado e aliviado
Quanto tu, minha antiga filha.

KENT
                    Mas meu bom senhor, —

LEAR
Quieto, Kent!
Não entra entre o dragão e sua ira.
Eu a amava mais, e pensava entregar meu descanso
À sua terna tutela. [*para Cordélia*] Vai, e evita minha vista! —
Que meu túmulo seja minha paz, pois aqui dela
Afasto o coração de seu pai. Chama França. Rápido,
Alguém chama Borgonha.
                              [*Sai um ou mais*]
                    Cornualha e Albânia,
Os dotes de minhas duas filhas absorvem o terceiro.
Que o orgulho, que ela chama modéstia, se case com ela.
De fato invisto juntamente em vós com meu poder,
Preeminência e todas as grandes ações
Que seguem a majestade. Nós, em curso mensal,

---

[8] Hécate é uma deusa grega de fertilidade, que mais tarde foi associada à Perséfone e se tornou deusa do submundo (mundo inferior, infernal), das encruzilhadas, da magia e protetora das bruxas. A "operação dos orbes" se refere à influência astrológica.

[9] Integrante do povo Cita, antigo grupo iraniano de pastores nômades, que habitou a Cítia, localizada na estepe pôntica (do norte do mar Negro ao leste do mar Cáspio).

Com reserva de uma centena de cavaleiros,
Sustentados por vós, nossa morada faremos
Convosco com devida alternância. Mas reteremos
O nome e todos os privilégios de um rei.
A influência, renda, administração do resto,
Amados filhos, sejam vossos; que, pra confirmar,
Este diadema[10] reparti entre vós.
Entrega o diadema a Cornualha e Albânia

KENT
Régio Lear,
A quem eu sempre honrei como meu rei,
Amei como meu pai, segui como meu mestre,
Como grande patrono pus em minhas preces —

LEAR
O arco está curvado e teso, afasta-te da flecha.

KENT
Que ela recaia sobre mim então, embora a ponta
Fure meu coração. Seja Kent descortês
Quando Lear está louco. O que farás, ancião?
Pensas tu que o dever terá temor de falar
Quando o poder se curva à lisonja? A honra se une à
Modéstia quando a majestade cai em desatino.
Retém tua posição, e em melhor ponderação, para
Esta hedionda imprudência. Dou minha vida por meu juízo,
Tua filha mais jovem não é quem te ama menos,
Nem têm corações vazios aqueles cujos sons baixos
Reverberam como um oco tambor.[11]

---

[10] *Crownet, coronet*: não é a coroa do monarca (*crown*), é uma coroa menor, um aro de metal com ornamentos, usada por nobres de acordo com sua posição no reino (é a que ele daria à Cordélia). A forma "reparti" neste verso está na segunda pessoa do plural do modo imperativo (reparti vós).

[11] Este verso ecoa um ditado citado em *Henry V*, que explica que uma voz baixa não significa um coração vazio de amor: "Um recipiente vazio produz o maior som" (4.4, linha 66).

LEAR
                        Kent, por tua vida, não mais.

KENT
Nunca mantive minha vida exceto como um peão
Pra lançar contra teus inimigos, nunca temi
Perdê-la, sendo tua segurança o motivo.

LEAR
                             Sai da minha frente!

KENT
Vê melhor, Lear, e deixa-me ainda ser
O verdadeiro centro de tua mira.[12]

LEAR
                              Agora, por Apolo —

KENT
Agora, por Apolo,[13] Rei, juras em vão a teus deuses.

LEAR [*Colocando a mão na espada*]
Oh vassalo! Herege!

ALBÂNIA [E CORDÉLIA]
Caro senhor, detende-vos.

KENT (*para Lear*)
Mata teu médico e entrega vosso pagamento
À fétida doença. Revoga tua dádiva,
Ou, enquanto eu puder expressar clamor por minha
Garganta, dir-te-ei que perpetras o mal.

---

[12] Deixa-me guiar tua flecha, mirar o alvo corretamente.
[13] Deus greco-romano do Sol, poesia, música, profecia e medicina. Shakespeare menciona apenas deuses da era pré-cristã nesta peça.

LEAR
Ouve-me, traidor; em tua lealdade, ouve-me!
Já que buscaste nos fazer quebrar nosso voto,
Que nunca ousamos antes, e com orgulho forçado
Nossa sentença separar de nosso poder,
Que nem a nossa índole ou posto suportam,
Nossa potência sendo provada, toma teu prêmio:
Cinco dias te alocamos, para provisão
De protegeres-te dos desastres do mundo,
E no sexto virares tuas odiadas costas
Ao nosso reino. Se no sétimo dia a seguir
Teu corpo expulso for achado em nossos domínios,
Esse momento é tua morte. Fora! Por Júpiter,
Não será isto revogado.

KENT
Adeus, Rei; já que ages assim,
A liberdade vive longe e o banimento é aqui.
(*para Cordélia*) Que os deuses ponham a ti, menina, em proteção,
Que pensas justamente e falaste com razão.
(*a Regan e Goneril*) E que vossas ações igualem os grandes discursos,
Que as palavras de amor produzam belos frutos.
Kent, desta forma, Oh príncipes, dá adeus a todos;
Pois plasmará seu velho percurso em país novo.

Sai

Trombetas tocam. Entram Gloucester com o Rei da França, o Duque de Borgonha e Criados

[CORDÉLIA][14]
França e Borgonha estão aqui, nobre senhor.

---

[14] Não há certeza sobre quem pronuncia esta fala; as edições divergem. Também poderia ser de Gloucester, ou até Cornualha.

LEAR
Meu senhor de Borgonha,
Primeiro dirigimo-nos a ti, que com este Rei
Por nossa filha tem rivalizado: o que no mínimo
Exigirás em dote vigente com ela
Ou cessarás tua busca de amor?

BORGONHA
                    Máxima majestade,
Eu almejo não mais que vossa majestade
Ofereceste; nem oferecerás menos.

LEAR
                    Certo, nobre Borgonha,
Quando era cara a nós, assim a apreciamos;
Mas agora seu preço caiu. Senhor, lá está ela.
Se algo naquela ínfima substância aparente,
Ou toda ela, acrescida de nosso desprazer,
E nada mais, pode adequadamente contentar
Vossa graça, aí está ela, e ela é tua.

BORGONHA
                    Não sei o que dizer.

LEAR
Tu, com todas as faltas que ela possui,
Sem amigos, recém adotada a nosso ódio,
De nossa maldição dotada e feita intrusa
Por nosso voto, a pegarás ou a largarás?

BORGONHA
                    Perdoa-me, real senhor.
Não há escolha sob tais condições.

LEAR
Então, senhor, deixa-a; pelo poder que me fez,
Descrevo sua riqueza. (*ao Rei de França*) Quanto a ti, grande Rei,
Eu não faria um tal desvio de teu amor
Para casar-te a quem odeio; por isso peço-te
Para dar tua afeição a um caminho mais digno
Do que a uma infeliz a quem a natureza
Quase está envergonhada de reconhecer.

REI DA FRANÇA
                                    Isso é muito estranho,
Que ela, que mesmo há pouco era teu melhor objeto,
Tema de teu elogio, bálsamo de tua idade,
A melhor, mais querida, pudesse neste instante
Cometer algo tão monstruoso pra desmontar
Tantas camadas de favor. Certo que sua ofensa
Deve ser de um grau tão antinatural
Que a torna monstruosa, ou vossa afeição
Antes jurada vira mancha; e pra crer nisso dela
Deve haver uma fé que a razão, sem milagre,
Não poderia jamais plantar em mim.[15]

CORDÉLIA (*para Lear*)
Eu, porém, peço, vossa majestade,
Se por não ser loquaz e não ter a melíflua arte
De falar sem propósito — já que o que bem pretendo,
Eu faria antes de falar — que vós torneis sabido
Que não é torpe estigma, assassinato, ou fetidez,
Nem passo desonrado ou impudica ação
Que me privaram de vosso favor e graça,
Mas mesmo pela falta do que me faz mais rica —
Um olhar sempre pedinte, e uma língua tal
Que estou contente de não ter, embora não
Tê-la fez-me perder vossa afeição.

---

[15] Como um milagre além de toda razão para conseguir fazer isso.

LEAR
Melhor que tu não tivesses nascido
Do que não tenhas me agradado mais.

REI DA FRANÇA
É só isso — um atraso na natureza
Que com frequência deixa a história não falada
Do que pretende ela fazer? Meu senhor de Borgonha,
O que dizes à dama? Amor não é amor
Quando estiver mesclado a considerações
Alheias à questão inteira. Tu a terás?
Ela em si é um dote.

BORGONHA (*para Lear*)
Majestoso Rei,
Dai somente a porção que vós mesmo propusestes,
E aqui tomo Cordélia pela mão,
Duquesa de Borgonha.

LEAR
Nada. Eu jurei. Eu sou firme.

BORGONHA (*para Cordélia*)
Desculpa-me, então, que assim como perdeste um pai
Que devas perder um marido.

CORDÉLIA
                    Que a paz esteja com Borgonha;
Se respeito e fortuna são o seu amor,
Não serei sua esposa.

REI DA FRANÇA
Belíssima Cordélia, que é a mais rica, sendo pobre;
A escolhida, esquecida; e a mais amada, desprezada:
Aqui agarro a ti e tuas virtudes.
Licitamente, eu tomo o que é jogado fora.

Deuses, deuses! É estranho que de descuido inclemente[16]
Meu amor se avivasse a sentimento ardente. —
Rei, tua filha sem dote, lançada à minha sorte,
É rainha da bela França, de nossa corte.
Todos os duques da encharcada Borgonha
Minha desprezada preciosa moça não compram. —
Despede-te, Cordélia, deles, embora vulgares.
Perdes aqui, para um lugar melhor encontrares.

LEAR
Tu a tens, França. Que ela seja tua, pois não
Temos uma filha assim, nem veremos jamais
O rosto dela novamente. Por isso, vai,
Sem nossa graça, nosso amor, nossa benção. —
Vem, nobre Borgonha.
      Fanfarra. Saem todos exceto o Rei da França e as irmãs

REI DA FRANÇA
Despede-te de tuas irmãs.

CORDÉLIA
Joias de nosso pai, com olhos marejados
Cordélia deixa-vos. Conheço-vos pelo que sois,
E como irmã sou muito avessa a nomear
Vossas faltas. Amai bem nosso pai.
Eu o confio a vossos peitos confessos.
Mas, no entanto, ai de mim, se eu estivesse em sua graça,
Eu o preferiria em melhor praça.
Assim, adeus a ambas.

REGAN
A nós nossos deveres não prescrevas.

---

[16] Versos rimados até o final desta fala e em trechos seguintes de Lear e das filhas.

GONERIL
Que teu esforço seja
Contentar teu senhor, que recebeu-te
Pela esmola da sorte. A obediência descuidaste,
E bem mereces carecer do que faltaste.

CORDÉLIA
O tempo mostrará o que a astúcia oculta em suas dobras,
No fim quem cobre faltas em vergonha soçobra.
Bem possais prosperar.

REI DA FRANÇA
                    Vem, minha bela Cordélia.
Saem o Rei da França e Cordélia

GONERIL
Irmã, não é pouco o que tenho a dizer do que pertence a nós ambas. Acho que nosso pai partirá daqui esta noite.

REGAN
Isto é certíssimo, e contigo; no próximo mês conosco.

GONERIL
Vês como é cheia de mudança sua idade. A observação que fizemos disso foi pouca.[17] Ele sempre amou mais nossa irmã, e o fraco discernimento com o qual ele a descartou parece tão flagrante.

REGAN
É a debilidade de sua idade; porém, ele sempre se conheceu pouco.

---

[17] No texto do Quarto, esta fala é negativa: "A observação que fizemos disso não foi pouca". No contexto deste diálogo das irmãs, parece que a fala negativa é mais apropriada, pois elas demonstram conhecer bem o pai que têm.

GONERIL
Em seu melhor e mais saudável período ele foi apenas impetuoso; então devemos estar atentas para receber de sua velhice não só as imperfeições de hábitos arraigados, mas junto com isso a rebeldia indócil que anos enfermos e coléricos trazem com eles.

REGAN
É provável que tenhamos tais sobressaltos como este do banimento de Kent.

GONERIL
Haverá mais cerimônia de partida entre França e ele. Por favor, vamos nos juntar. Se nosso pai conduz autoridade com essa disposição, esta recente renúncia dele só irá nos ultrajar.

REGAN
Pensaremos mais sobre este assunto.

GONERIL
Devemos agir logo, e em conjunto.
Saem

CENA II. CASTELO DO CONDE DE GLOUCESTER.

Entra Edmundo, o bastardo, com uma carta

EDMUNDO
Tu, natureza, és minha deusa. À tua lei
Estão ligados meus serviços. Por que eu devia
Colocar-me na praga do costume e permitir
Que escrúpulos morais de nações privem-me
Só porque sou algumas doze ou quatorze luas
Mais jovem que um irmão? Por que 'bastardo'? Por que 'baixo',
Quando minhas dimensões são tão delineadas,
Minha mente tão profusa e minha forma tão verdadeira

Quanto a progênie de senhora honesta? Por que marcam-nos
Com 'baixo', com 'baixeza, bastardia — baixo, baixo' —
Os que, no lúbrico sigilo da natureza,
Possuem mais completa e feroz qualidade
Do que há, em uma cama tediosa, gasta e cansada,
Na criação de uma tribo inteira de tolos,
Gerados entre o sono e a vigília? Bem, então,
Legítimo Edgar, devo tomar tua terra.
O amor de nosso pai é tanto pro bastardo Edmundo
Quanto para o legítimo. Fino termo, 'legítimo'.
Bem, meu legítimo, se tem sucesso esta carta
E minha trama prospera, Edmundo o baixo
Vencerá o legítimo. Eu cresço, eu prospero.
Agora, deuses, defendei os bastardos!
    Entra o Duque de Gloucester. Edmundo lê uma carta

GLOUCESTER
Kent banido assim, e França partido em cólera,
E o Rei indo esta noite, limitado seu poder,
Restrito a uma pensão — tudo isto feito
De repente? — Edmundo, o que é isso? O que há de novo?

EDMUNDO
Bom te ver, senhor, nada.

GLOUCESTER
Por que tão seriamente buscas esconder essa carta?

EDMUNDO
Não sei de nada novo, meu senhor.

GLOUCESTER
Que papel estavas lendo?

EDMUNDO
Nada, meu senhor.

GLOUCESTER
Não? De que precisava então aquele rápido descarte dele em teu bolso? A qualidade do nada não tem necessidade de se esconder. Vamos ver. Vamos, se não for nada, não precisarei de óculos.

EDMUNDO
Peço-te, senhor, perdoa-me. É uma carta de meu irmão que eu ainda não terminei de ler; e por mais que eu a perscrute, não a acho adequada ao teu exame.

GLOUCESTER
Dá-me a carta, senhor.

EDMUNDO
Eu ofenderei se me detenho ou se a dou. O conteúdo, como o entendo em parte, é censurável.

GLOUCESTER
Vamos ver, vamos ver.

EDMUNDO
Espero, pra justificação de meu irmão, que ele escreveu isto apenas como uma análise ou teste de minha virtude.
Ele dá a Gloucester uma carta

GLOUCESTER (*lê*)
'Esta política e reverência da velhice torna o mundo amargo aos melhores de nosso tempo, separa nossas fortunas de nós até que nossa velhice não possa saboreá-las. Começo a ver uma ociosa e tola escravidão na opressão da tirania envelhecida, que rege não quando tem poder, mas quando é permitida. Vem a mim, que eu possa falar mais disto. Se nosso pai dormisse o sono eterno, tu usufruirias metade de sua renda para sempre e teria o amor de teu irmão,

Edgar.'
Hum, conspiração! 'Dormir o sono eterno, tu usufruirias de metade de sua renda' — meu filho Edgar! Teve ele mão para escrever

isto, um coração e cérebro para produzir isto? Quando encontraste isto? Quem trouxe isto?

EDMUNDO
Isto não foi trazido a mim, meu senhor, essa é a astúcia da coisa. Eu a encontrei jogada na janela do meu quarto.

GLOUCESTER
Sabe se a letra é de teu irmão?

EDMUNDO
Se o assunto fosse bom, meu senhor, eu ousaria jurar que era dele; mas, como está aí, eu estaria disposto a pensar que não.

GLOUCESTER
É dele.

EDMUNDO
É a letra dele, meu senhor, mas seu coração não está no conteúdo.

GLOUCESTER
Ele nunca antes tentou falar desse negócio contigo?

EDMUNDO
Nunca, meu senhor; mas tenho ouvido-o com frequência sustentar que é apropriado que, tendo filhos na aurora da vida e pais em declínio, o pai devesse ser como um tutelado para o filho, e o filho gerenciar sua renda.

GLOUCESTER
Oh vilão, vilão — sua própria opinião na carta! Vilão repugnante, antinatural, detestado, vilão brutal — pior do que brutal! Vai, rapaz, busca-o. Eu o apreenderei. Vilão abominável. Onde está ele?

EDMUNDO
Eu não sei bem, meu senhor. Se te agradasse suspender tua

indignação contra meu irmão até que possas obter dele melhor testemunho de sua intenção, farás um procedimento seguro; mas se procederes violentamente contra ele, enganando-te quanto a seu propósito, isso produziria um grande rombo em tua própria honra e despedaçaria o cerne de sua obediência. Ouso empenhar minha vida por ele, que ele escreveu isso para medir minha afeição por tua honra, e por nenhuma outra pretensão de perigo.

GLOUCESTER
Pensas isso mesmo?

EDMUNDO
Se tua honra julga adequado, te postarei onde nos ouvirás conferir isto, e por uma certeza auditiva teres tua satisfação e sem qualquer espera que passe desta noite.

GLOUCESTER
Ele não pode ser um monstro assim.

[EDMUNDO
Tenho certeza que não.

GLOUCESTER
Com seu pai, que o ama tão terna e inteiramente. Pelos céus!][18] Edmundo, busca-o, ganha sua confiança, por favor. Trama este assunto com tua própria sapiência. Eu daria tudo que tenho pra clarear essa questão.

EDMUNDO
Eu o buscarei, senhor, imediatamente, conduzirei o assunto da melhor maneira possível e te informarei logo.

---

[18] Trecho entre colchetes é da edição Quarto, inserido aqui para melhorar o entendimento do diálogo.

GLOUCESTER
Estes últimos eclipses no Sol e na Lua não pressagiam nada bom para nós. Embora o saber científico possa justificar de algum modo, porém, a natureza se encontra açoitada pelos efeitos consequentes. O amor esfria, a amizade cai, irmãos se separam; nas cidades, motins; nos países, discórdia; nos palácios, traição; e o vínculo quebrado entre filho e pai. Este meu vilão está sob a previsão, há filho contra pai. O Rei cai do pendor natural: há pai contra filha. Vimos o melhor de nosso tempo. Maquinações, falsidade, perfídia e todas as desordens ruinosas nos seguem inquietamente aos nossos túmulos. Descobre esse vilão, Edmundo; não perderás nada. Atua cuidadosamente. E o nobre e leal Kent banido, sua ofensa, a honestidade! É estranho.

Sai

EDMUNDO
Esta é a excelente tolice do mundo: que quando estamos doentes do destino — com frequência os excessos de nosso próprio comportamento — tornamos culpados de nossos desastres o Sol, a Lua e as estrelas, como se fôssemos vilões por necessidade, tolos pela predominância astrológica,[19] bêbados, mentirosos e adúlteros por uma obediência forçada à influência planetária, e tudo em que somos diabólicos por uma divina influência. Uma admirável evasão do homem lascivo para colocar sua luxuriosa disposição a cargo de uma estrela! Meu pai juntou-se sexualmente à minha mãe sob a cauda do Dragão[20] e minha natividade foi sob a Ursa Maior, assim se segue que sou rude e lascivo. Minha nossa! Eu devia ter sido quem sou mesmo que a estrela mais virginal do firmamento cintilasse na minha bastardização.

Entra Edgar

---

[19] Predominância planetária (*spherical predominance*), por causa da regência do planeta sobre a pessoa nascida em determinado período do ano; para não repetir o mesmo termo, já usado na linha seguinte.

[20] Referência à Constelação do Dragão, localizada no hemisfério celestial norte, próxima da Ursa Maior, citada no trecho acima, e Ursa Menor, entre outras.

E aí está ele, como a catástrofe das velhas comédias. Minha deixa é uma infame melancolia, com um suspiro de um mendigo louco do hospício de Bedlam.[21]
Ele lê um livro
— Oh, estes eclipses de fato preveem estas divisões. Fá, sol, lá, mi.

EDGAR
Como é, irmão Edmundo, que séria contemplação é essa?

EDMUNDO
Estou pensando, irmão, em uma previsão que li outro dia, sobre o que se seguiria a esses eclipses.

EDGAR
Tu te ocupas com essas coisas?

EDMUNDO
Eu te garanto, as previsões que ele faz infelizmente acontecem. Quando viste meu pai pela última vez?

EDGAR
A noite passada.

EDMUNDO
Falaste com ele?

EDGAR
Sim, por duas horas.

---

[21] No original, *Tom o'Bedlam*, que se refere a um mendigo ou louco que foi interno do Hospital Real Bethlem (também conhecido popularmente como Bedlam). *Tom o'Bedlam* também é o título de um poema anônimo do início do século XVII, no gênero "canção louca", cujo personagem principal, naturalmente, é um mendigo / sem teto.

EDMUNDO
Partiste amigavelmente? Não viste nele nenhum desgosto em palavra ou semblante?

EDGAR
Nenhum, em absoluto.

EDMUNDO
Reflete em que possas tê-lo ofendido, e suplico que evites sua presença até que algum tempo tenha reduzido o calor de sua insatisfação, que neste momento grassa nele, que mesmo com dano à tua pessoa isso dificilmente amainaria.

EDGAR
Algum vilão foi desleal comigo.

EDMUNDO
Esse é meu medo. Peço-te que mantenhas uma distância cautelosa até que sua ira diminua; enquanto isso, retira-te comigo à minha residência, de onde te trarei na hora apropriada para ouvir meu senhor falar. Por favor, vai. Eis minha chave. Se fores sair, vai armado.

EDGAR
Armado, irmão?

EDMUNDO
Irmão, estou te dando o melhor conselho. Eu seria desonesto se houvesse qualquer coisa boa para ti. Eu te disse o que vi e ouvi, mas de leve, não te mostrei todo o horror do quadro. Por favor, vai.

EDGAR
Terei notícias tuas em breve?

EDMUNDO
Estou a teu serviço neste assunto.

Sai Edgar

Um pai crédulo e um nobre irmão,
Cuja índole está tão longe de causar danos
Que ele nada suspeita; em cuja tola honestidade
Meus planos se movem fácil. Vejo o negócio.
Que eu, se não por nascença, tenha terras por argúcia.
Tudo está bem pra mim se a meus propósitos se ajusta.

Sai

CENA III. PALÁCIO DO DUQUE DE ALBÂNIA.

Entram Goneril e Oswaldo, seu mordomo

GONERIL
Meu pai bateu no meu mordomo
Por ralhar com seu bobo?

OSVALDO
                    Sim, senhora.

GONERIL
Ele me insulta dia e noite. A toda hora
Ele comete uma grossa ofensa ou outra
Que deixa a todos nós em conflito. Não vou aguentar.
Seus cavaleiros ficam alterados e ele critica-nos
Em cada miudeza. Quando retornar da caça,
Não falarei com ele. Diz que estou doente.
Se tu servires menos que antes,
Farás bem; eu serei responsável por essa falha.
    [*Trombetas dentro*]

OSVALDO
Senhora, ele está vindo. Eu o ouço.

GONERIL
Assume a negligência enfadonha que quiseres,
Tu e teus companheiros. Lidarei com a questão.

Se não gostar, que vá ele viver com minha irmã,
Cuja mentalidade nisso é igual à minha, eu sei.
Lembra o que eu disse.

OSVALDO
                    Muito bem, senhora.

GONERIL
E que seus cavaleiros sintam tua frieza.
Não importa o que disso brotar. Instrui teus colegas.
Escreverei direto à minha irmã para manter
O meu plano. Prepara-te para o jantar.
                    Saem em direções opostas

CENA IV. UM SALÃO NO MESMO PALÁCIO.

Entra Kent, disfarçado

KENT
Se eu tomar emprestado outros sotaques também
Que possam minha fala disfarçar,[22] meu bom intento
Pode alcançar o resultado pretendido
Para o qual fiz minha barba. Agora, Kent, banido,
Se não podes servir onde estás condenado,
Pode ser que teu mestre, a quem amas, assim
Bem esforçado te achará.
    Trombetas dentro. Entram Rei Lear e criados vindos da caça

LEAR
Que eu não fique um instante pra jantar. Vai aprontar.
                                  [*Sai um*]

(*Para Kent*) Muito bem, quem és tu?

---

[22] Como parte de seu disfarce, Kent fala com sotaque diferente.

KENT
Um homem, senhor.

LEAR
Qual é tua profissão? O que queres conosco?

KENT
Eu professo não ser nada menos do que pareço, servir àquele que me fará confiar, amar àquele que é honesto, conversar com aquele que é sábio e fala pouco, temer julgamento, lutar quando não posso escolher e não comer peixe.[23]

LEAR
Quem és tu?

KENT
Um homem muito honesto e tão pobre quanto o Rei.

LEAR
Se tu fores tão pobre para súdito quanto ele é para rei, tu és pobre o bastante. O que queres?

KENT
Serviço.

LEAR
Quem tu servirias?

KENT
A vós.

LEAR
Tu me conheces, rapaz?

---

[23] Ele não é católico, portanto não pratica esse hábito comum aos católicos, que consumiam peixe em vez de carne às sextas-feiras; parece um anacronismo na peça, já que aparentemente ela acontece em tempos pré-cristãos.

KENT
Não, senhor, mas tendes em vosso semblante o que eu desejaria chamar de mestre.

LEAR
E o que é?

KENT
Autoridade.

LEAR
Que serviços podes prestar?

KENT
Posso guardar segredos, cavalgar, correr, estragar uma boa história ao contá-la, e entregar uma mensagem simples sem rodeios. Aquilo para o qual o homem comum é apto, eu sou qualificado; e minha melhor habilidade é a diligência.

LEAR
Qual é tua idade?

KENT
Nem tão jovem, senhor, para amar uma mulher pelo seu canto, nem tão velho para babar por ela por qualquer motivo. Tenho quarenta e oito anos nas costas.

LEAR
Segue-me. Tu me servirás, se eu não gostar-te menos após o jantar. Não te mandarei embora ainda. Jantar, oh, jantar. Onde está meu garoto, meu bobo? Vai você e chama meu bobo aqui.
[*Sai um criado*]
Entra Osvaldo, o mordomo
Você, você, senhor, onde está minha filha?

OSVALDO
O senhor me desculpe —

Sai

LEAR
O que diz o rapaz ali? Chama o palerma de volta.
Sai um cavaleiro
Onde está meu bobo? Oh, acho que o mundo está dormindo.
Entra um Cavaleiro
O que está acontecendo? Onde está aquele cão?

CAVALEIRO
Ele diz, meu senhor, que vossa filha não está bem.

LEAR
Por que o escravo não retornou quando eu o chamei?

CAVALEIRO
Senhor, ele me respondeu da maneira mais rude que não poderia.

LEAR
Não poderia?

CAVALEIRO
Meu senhor, não sei qual é o problema, mas a meu juízo vossa alteza não está sendo tratado com o solene afeto a que estava acostumado. Há uma grande redução de gentileza, isso aparece tanto nos criados em geral quanto no próprio Duque e em vossa filha.

LEAR
Hum, achas isto mesmo?

CAVALEIRO
Vos peço, perdoa-me, meu senhor, se eu estiver enganado, pois meu dever não pode calar quando acho que vossa alteza está sendo ofendido.

LEAR
Tu apenas me recordas minha própria percepção. Tenho notado uma vaga negligência ultimamente, que eu preferi culpar a meu próprio excesso de desconfiança do que a uma verdadeira intenção de descortesia. Examinarei isso mais atentamente. Mas onde está meu bobo? Eu não o vejo há dois dias.

CAVALEIRO
Já que a jovem dama está indo para a França, senhor, o bobo tem sofrido muito.

LEAR
Chega disso, eu notei bem. Vai você e diz à minha filha que desejo falar com ela.
Sai um criado
Vai você, chama meu bobo aqui.
Sai um criado
Entra Osvaldo, o mordomo [cruzando o palco]
Oh, você, senhor, você, vem aqui, senhor, quem sou eu, senhor?

OSVALDO
O pai de minha senhora.

LEAR
O pai de minha senhora? O patife do meu senhor, seu cão bastardo, seu escravo, seu vira-lata!

OSVALDO
Não sou nada disso, meu senhor, mil perdões.

LEAR
Está me olhando na cara, seu canalha?[24]
[*Lear bate nele*]

---

[24] Só um criado insolente olharia diretamente para o rei.

OSVALDO
Não serei agredido, meu senhor.

KENT [*tropeçando nele*]
Nem tropeçado também, reles jogadorzinho de futebol.[25]

LEAR (*para Kent*)
Agradeço-te, rapaz. Tu me serves, eu te amarei por isso.

KENT (*para Osvaldo*)
Vem, senhor, ergue-te, sai. Eu te ensinarei as diferenças de posto. Fora, fora. Se queres ser achatado no chão de novo, tarda; mas fora, vai. Tens sabedoria? Então.
Empurra Osvaldo para fora

LEAR
Agora, meu simpático rapaz, agradeço-te.
Entra o Bobo de Lear
Eis pagamento pelo teu serviço.
Ele dá dinheiro a Kent

BOBO
Deixe-me contratá-lo também. (*Para Kent*) Aqui está meu chapéu de bobo.

LEAR
Olá, meu belo rapaz, como estás?

BOBO (*para Kent*)
Senhor, era melhor que pegasses meu chapéu.

LEAR
Por que, meu garoto?

---

[25] Na época, o futebol era jogado na rua pelos meninos ociosos da classe baixa.

BOBO
Por quê? Por tomar partido com quem está em desfavor.[26] (*Para Kent*) Não, se não podes bajular quem está no poder, perderás benefícios em breve. Aí, pega meu chapéu. Ora, este cara baniu duas de suas filhas e abençoou a terceira contra a vontade.[27] Se o seguires, precisas usar meu chapéu. (*Para Lear*) Como estás, meu tio? Eu queria ter dois chapéus e duas filhas.

LEAR
Por que, meu garoto?

BOBO
Se eu lhes desse tudo que tenho, eu manteria meus chapéus. Este é o meu; pede outro a tuas filhas.

LEAR
Presta atenção, senhor — o chicote.

BOBO
A verdade é um cão que deve ir pro canil. Deve ser chicoteado quando o cão da Senhora pode ficar junto ao fogo e feder.[28]

LEAR
Uma bílis pestilenta para mim![29]

BOBO (*para Kent*)
Senhor, te ensinarei um poema.

---

[26] Como se sabe, o bobo da corte é um palhaço profissional, não precisa ser educado e pode dizer o que quiser, desde que seja engraçado.
[27] A ida dela para a França se torna uma benção diante da situação desastrosa do reino.
[28] O bobo diz que ele / a verdade é um cão que é chicoteado e posto para fora, enquanto o cão da senhora do palácio, Osvaldo, chamado assim por Lear, pode ficar aquecido do lado de dentro.
[29] Osvaldo é favorecido na casa em vez de ser punido pela insolência perante o rei.

LEAR
Sim.

BOBO
Presta atenção, meu tio:
Tem mais do que mostras,[30]
Diz menos que sabes,
Tudo não emprestes,
Cavalga mais que andas,
Ouve mais que crês,
Tudo não apostes,[31]
Da bebida e da puta te afasta,
De tua casa não saias,
E tu terás bem mais
Que a soma das metades.[32]

KENT
Isto é nada, bobo.

BOBO
Então, são como as palavras de um advogado não pago: não me deste nada por isso. (*Para Lear*) Não podes fazer uso de nada, meu tio?

LEAR
Ora, não, garoto. Nada pode ser feito de nada.

BOBO (*Para Kent*)
Por favor, diz-lhe quanto é a renda de suas terras. Ele não acreditará num bobo.

---

[30] Esconde teu jogo, mostra menos valor do que possuis.
[31] Aposta um valor menor do que a jogada; vê o jogo do adversário antes.
[32] *Two tens to a score*: mais do que duas dezenas para uma vintena, mais do que o total das partes.

LEAR
Um bobo amargo.

BOBO
Sabes a diferença, meu garoto, entre um bobo amargo e um doce?

LEAR
Não, rapaz, me ensina.

BOBO
[Aquele senhor que te aconselhou[33]
A dar tuas terras,
Vem colocá-lo aqui ao meu lado,
Tu o representas:
Os bobos doce e amargo
Virão de imediato;
Um em traje de bobo aqui,
O outro encontrado aí.

LEAR
Tu me chamas de bobo, garoto?

BOBO
Deste todos os teus outros títulos com os quais nasceste.

KENT
Isto não é completamente tolo, meu senhor.

BOBO
Não, espero; mas senhores e grandes homens não me deixarão. Se eu tivesse um monopólio, todos teriam parte nele; e as senhoras também, elas não me deixarão ter toda a tolice para mim mesmo; me tomarão] Meu tio, me dá um ovo e eu te darei duas coroas.

---

[33] Este trecho entre colchetes pertence à versão Quarto e foi incluído aqui para dar sentido a esta passagem.

LEAR
Que duas coroas serão essas?

BOBO
Ora, após eu cortar o ovo ao meio e comer seu conteúdo, as duas coroas do ovo. Quando partes tua coroa ao meio e dás ambas as partes, carregas teu burro nas costas. Tinhas pouco juízo em tua coroa careca[34] quando deste a dourada. Se eu falo como bobo, chicoteia a primeira pessoa que pensa assim.
[*Cantando*] Bobos têm menos graça hoje em dia,
Porque os sábios ficaram tolos,
E não sabem usar seu juízo,
Seus modos são imitadores.

LEAR
Quando te tornaste tão cheio de canções, senhor?

BOBO
Tenho as usado, meu tio, desde que tornaste tuas filhas em mães tuas; pois quando lhes deste a verga e baixaste teu calções,
[*Cantando*] Então de súbita alegria choraram,
E eu cantei de desgosto,
Que um tal rei agisse como criança
E andasse entre os bobos.
Por favor, meu tio, mantém um professor que possa ensinar teu bobo a mentir. Eu desejo aprender a mentir.

LEAR
Se mentir, senhor, será chicoteado.

BOBO
Maravilho-me com teu parentesco com tuas filhas. Elas me chicotearão por dizer a verdade, tu me chicotearás por mentir e às vezes sou chicoteado por ficar em silêncio. Era melhor que eu

---

[34] Tua cabeça.

fosse qualquer coisa menos um bobo; e, no entanto, eu não seria tu, meu tio. Descascaste teu juízo em ambos os lados e deixaste nada no meio.

    Entra Goneril
    Aí vem uma das cascas.

LEAR
O que há, filha? Para que essa faixa na cabeça?
Tens franzido muito a testa ultimamente.

BOBO
Tu eras um belo sujeito quando não precisavas cuidar do franzido dela. Agora és um 0 à esquerda. Sou melhor do que és agora. Sou um bobo; tu és nada. [*Para Goneril*] Sim, na verdade, prenderei minha língua; assim teu rosto me pede, embora não digas nada.
    [*Canta*] Quieto, quieto,
        Aquele que não guarda casca nem farelo,
        Fatigado de tudo, quererá algum resto.
[*Apontando para Lear*]
Isso é uma vagem de ervilha vazia.

GONERIL (*para Lear*)
Não só, senhor, o vosso bobo cheio de licenças,
Mas outros do cortejo insolente de vossa alteza
A toda hora queixam-se e discutem, explodindo
Em tumultos ferozes e insuportáveis. Senhor,
Eu tinha pensado, ao tornar isto bem sabido a vós,
Ter encontrado uma solução segura, mas agora
Temo, pelo que tens falado e feito ultimamente,
Que este curso proteges e manténs
Com vossa permissão; que se pudesses, à censura
Não escaparia a falta, nem as correções
Esperariam pois, no cuidado pela paz do estado,
Tais correções vos poderiam ofender,
O que seria uma vergonha, mas a necessidade
Chamará de discreto proceder.

BOBO (*para Lear*)
                Pois, sabes, meu tio,
[*Cantando*]   O pardal alimentou tanto tempo o cuco,
                Que sua cabeça o filhote arrancou;
Assim, a vela se apagou, e ficamos no escuro.

LEAR (*para Goneril*)
Você é nossa filha?

GONERIL
Gostaria que usásseis vossa boa sabedoria,
Da qual sei que sois dotado, e vos livrásseis
Desses humores que ultimamente
Transportam-vos do que corretamente sois.

BOBO
Um burro pode não saber quando a carroça
Puxa o cavalo? [*Cantando*] 'Oba, jarra,[35] eu te amo!'

LEAR
Alguém aqui conhece-me? Este não é Lear.
Lear anda assim, fala assim? Onde estão seus olhos?
Ou sua compreensão enfraquece, ou o discernimento
Está letárgico — ah, despertando? Nem tanto.
Quem é que pode me dizer quem sou?

BOBO
A sombra de Lear.

LEAR (*para Goneril*)
Teu nome, bela dama?

---

[35] *Whoop, jug*: não há certeza quanto ao sentido desta expressão, talvez seja o trecho de uma canção de bêbados.

GONERIL
Este fingido espanto, senhor, lembra muito
Vossos novos ardis. Eu vos peço realmente
Que entendais certo meus propósitos,
Já que estais velho e venerável, devíeis ser sábio.
Aqui mantendes cem cavaleiros e escudeiros,
Homens tão perturbados, devassos e ousados
Que esta corte, infectada com seus modos, parece uma
Turbulenta pousada. Epicurismo[36] e luxúria
Fazem-na parecer mais uma taberna ou um bordel
Do que um grande palácio. A própria vergonha
Pede remédio rápido. Seja então a pedido
Desta, ou então o que implora ela tomará,
Que um pouco reduzais vosso séquito,
E os restantes com quem possais contar
Que sejam os que convenham à vossa idade,
Que se conheçam e a vós e irão se comportar.

LEAR
                            Trevas e demônios!
Selai meus cavalos, chamai meu séquito! —
                                  [*Sai um ou mais*]
Bastarda degenerada, não te perturbarei.
Porém, me resta uma filha.

GONERIL
Atacais meus criados e vossa turba túrbida
Trata os superiores como serviçais.
    Entra o Duque de Albânia

---

[36] Embora Epicuro de Samos (341 a.C. – 271 a.C.) tenha criado um sistema filosófico prático e materialista, guiado pelos sentidos, sem deuses, que prega a busca por prazeres moderados para conseguir a tranquilidade e a liberação do medo e do sofrimento causados pelos desejos mundanos, a citação aqui é no sentido concreto de busca de prazeres apenas.

LEAR
                    Sofrimento que tarde demais se arrepende!
(*Para o Duque de Albânia*)
É tua vontade? Diz, senhor. — Preparai meus cavalos.
                                              [*Sai um ou mais*]
Ingratidão, demônio de coração de mármore,
Que és mais medonho que o monstro-marinho
Quando te mostras em um filho —

ALBÂNIA
Por favor, senhor, sê paciente.

LEAR (*Para Goneril*)
Mentes, detestada ave de rapina.
Meu séquito são homens de escol e raros traços,
Que todos os detalhes do dever conhecem,
E que no mais exato respeito sustentam
As honras de seus nomes. Oh mínima falta,
Quão feia te mostraste na Cordélia que, como uma
Alavanca, arrancaste meu estado natural
Do lugar fixo, hauriste todo amor de meu
Coração, e somaste ao amargor! Oh, Lear, Lear, Lear!
Bate nesse portal que deixa entrar tua insânia
        [*Batendo em sua cabeça*]
E teu caro juízo sair. — Ide, ide, meus criados!

ALBÂNIA
Meu senhor, eu sou tão inocente quanto ignorante
Do que tem vos movido.

LEAR
                    Pode assim ser, meu senhor.
Ouve, natureza;[37] ouve, cara deusa, ouve:

---

[37] Lear está invocando a natureza enquanto deidade, pois em seu juízo sua filha a ofendeu, a exemplo de Edmundo no início da cena 2 deste ato.

Suspende teu propósito se pretendeste
Tornar esta criatura fértil.
Em seu útero aporta esterilidade.
Resseca nela os órgãos de reprodução,
E de seu corpo degradado nunca saia
Um bebê para honrá-la. Se ela deve conceber,
Cria seu filho da melancolia,[38] que possa viver
E ser um infesto tormento desnaturado a ela.
Que estampe rugas em sua jovem fronte,
Com lágrimas cadentes cave sulcos em suas faces,
Tornando os benefícios e dores de mãe
Em riso e desprezo, que ela possa sentir —
Que ela possa sentir
O quão mais aguçado que o dente de uma serpente
É ter um filho ingrato. Fora, fora!
[Saem Lear, Kent e criados]

ALBÂNIA
Agora, deuses que adoramos, de que vem isto?

GONERIL
Nunca te aflijas para conhecer a causa disso,
Que seu temperamento tem o âmbito
Que a senilidade produz.
Entra Lear com o Bobo

LEAR
O quê, perdi cinquenta de meus cavaleiros
De uma vez só? Numa quinzena?

---

[38] *Spleen*: baço, o maior dos órgãos linfáticos, tem importante função imunológica; a ligação entre este órgão e a melancolia (temperamento) vem dos tempos antigos, da teoria do humorismo greco-romano, de que o corpo humano possuía quatro substâncias básicas, bílis negra (melancolia, depressão, desânimo), bílis amarela (cólera), fleuma e sangue.

ALBÂNIA
                    Qual é o problema, senhor?

LEAR
Eu te direi. (*Para Goneril*) Vida e morte! Estou envergonhado
Que tenhas poder pra abalar assim minha hombridade,
Que estas ardentes lágrimas, que caem de mim à força,
Tornem-te digna delas. Ventos e névoas a ti!
Que as feridas expostas da maldição de um pai
Trespassem cada sentir teu! Velhos olhos tolos,
Se chorarem esta causa de novo, os arrancarei
E os lançarei, com as águas que verteis,
A amaciar argila. Ah, que assim seja.
Eu tenho uma outra filha
Que, estou certo, é amável e confortante.
Quando ela souber disto, com suas unhas
Rasgará teu lupino semblante. Descobrirás
Que recuperarei a posição que pensas
Que joguei fora para sempre.
                                              Sai

GONERIL
                    Notaste isso?

ALBÂNIA
Não posso ser tão parcial, Goneril,
Com todo o amor que te tenho —

GONERIL
Tranquilo, por favor. O quê, Osvaldo, Oh!
    Ao Bobo
Tu, senhor, mais patife que bobo, segue teu amo.

BOBO
    Meu tio Lear, meu tio Lear,
    Espera, leva o bobo contigo.

Uma raposa quando é pega,
E uma filha dessas,
Eu as levaria ao abate,
Se meu chapéu uma corda comprasse.
Segue o bobo teu rasto, destarte.

Sai

GONERIL
Este homem teve bom conselho — cem cavaleiros?
É boa política e seguro deixá-lo manter
Cem cavaleiros bem armados, sim, que a cada sonho,
Cada rumor, cada capricho, cada queixa, enfado,
Possa com seus poderes guardar sua senilidade
E manter nossas vidas à mercê.[39] — Osvaldo, eu chamo!

ALBÂNIA
Bem, pode ser demais teu temor.

GONERIL
                É mais seguro que confiar demais.
Deixa-me ainda remover os danos que temo,
Sem mais medo nenhum. Conheço seu coração.
O que ele proferiu eu escrevi à minha irmã.
Se ela sustentá-lo e a seus cem cavaleiros
Quando eu tiver mostrado a impropriedade —
Entra Osvaldo, o mordomo
                          Bem, Osvaldo!
Já escreveu aquela carta à minha irmã?

OSVALDO
Sim, senhora.

---

[39] Evidentemente, uma fala irônica.

GONERIL
Leva alguns companheiros e aos cavalos.
Informa-a plenamente do meu medo concreto,
E, além disso, agrega alguns motivos teus
Para corroborar. Some daqui,
E apressa teu retorno.

Sai Osvaldo

                Não, não, meu senhor,
Esta tua amena cortesia e tua índole,
Embora eu não condene, porém, peço perdão,
Mas se reprova mais tua falta de sabedoria
Do que se louva tua brandura infesta.[40]

ALBÂNIA
O quão teus olhos possam penetrar, não sei expressar.
Às vezes se arruína algo bom tentando melhorar.

GONERIL
Não, então —

ALBÂNIA
Bem, bem, o tempo dirá.

Saem

CENA V. NA MESMA CORTE.

Entram Rei Lear, Kent, disfarçado, o Primeiro Cavalheiro e o Bobo de Lear

LEAR [*ao Cavalheiro, dando-lhe uma carta*]
Vai primeiro a Gloucester com estas cartas.

[*Sai o Cavalheiro*]

---

[40] A falta de sabedoria é bem pior do que a indulgência daninha.

[*Para Kent, dando-lhe uma carta*] Informa minha filha com nada mais que não seja de sua exigência sobre a carta. Se tua diligência não for rápida, estarei lá antes de ti.

KENT
Não dormirei, senhor, até ter entregado vossa carta.

Sai

BOBO
Se o cérebro de um homem estivesse em seus calcanhares, não haveria risco de pegar frieira?

LEAR
Sim, garoto.

BOBO
Então, por favor, alegra-te: teu juízo não precisará de chinelos.[41]

LEAR
Ha, ha, ha!

BOBO
Verás que tua outra filha te tratará de modo especial,[42] pois embora ela seja como esta, como uma maçã silvestre é como uma maçã, porém, eu posso dizer o que posso dizer.

LEAR
O que podes dizer, garoto?

---

[41] Pois não a tens.
[42] De maneira excelente ou de acordo com a "espécie" de pessoa que ela é (para transmitir o sentido dúbio do original, *kindly*: gentilmente ou pelo tipo, espécie, dela).

BOBO
Ela terá o mesmo sabor que esta, como uma maçã silvestre tem o da outra.
Podes dizer por que o nariz fica no meio do rosto de uma pessoa?

LEAR
Não.

BOBO
Ora, para manter os olhos em cada lado do nariz; o que um homem não consegue farejar, ele pode espiar.

LEAR
Eu fiz mal a ela.[43]

BOBO
Podes dizer como uma ostra faz sua concha?

LEAR
Não.

BOBO
Eu também não; mas eu sei dizer por que um caracol tem uma casa.

LEAR
Por quê?

BOBO
Ora, para pôr a cabeça dentro, não para dar às filhas e deixar suas antenas sem proteção.

---

[43] Já começando a se dar conta do que fez à Cordélia.

LEAR
Vou esquecer minha natureza. Um pai tão bondoso.
Meus cavalos estão prontos?

BOBO
Teus burros estão cuidando disso. A razão pela qual as sete estrelas[44] não são mais que sete é linda.

LEAR
Porque elas não são oito.

BOBO
Sim, de fato, darias um bom bobo.

LEAR
Tomá-lo de novo à força[45] — ingratidão monstruosa!

BOBO
Se fosses meu bobo, meu tio, eu mandaria te bater por seres velho antes do tempo.

LEAR
Como assim?

BOBO
Não devias ter ficado velho até que tivesses ficado sábio.

LEAR
Oh, que eu não enlouqueça, não enlouqueça, bom céu!
Mantém-me são. Eu não queria ficar louco.
    [*Entra o Primeiro Cavalheiro*]
Os cavalos estão prontos agora?

---

[44] As Plêiades, também chamadas de Sete estrelo, conjunto de sete estrelas na Constelação de Touro.
[45] Talvez Lear esteja imaginando retomar seu reino à força.

CAVALHEIRO
                    Prontos, meu senhor.

LEAR (*para o Bobo*)
Vem, garoto.
                    [*Saem Lear e Cavalheiro*]

BOBO
Aquela que é donzela agora, e ri da minha partida,
Não será por longo tempo, a menos que coisas sejam encurtadas.
                                        [*Sai*]

ATO II

CENA I. CASTELO DE GLOUCESTER.

Entram Edmundo, o bastardo, e Curan, de direções diferentes

EDMUNDO
Salve, Curan.

CURAN
Salve, senhor. Estive com teu pai e o avisei que o Duque de Cornualha e Regan, sua duquesa, estarão aqui com ele esta noite.

EDMUNDO
Qual o motivo?

CURAN
Eu não sei. Ouviste as notícias do estrangeiro? — Falo daquelas sussurradas, pois são só assuntos roçando orelhas ainda.

EDMUNDO
Eu não. Por favor, quais são elas?

CURAN
Não ouviste nada sobre iminentes guerras entre os Duques de Cornualha e Albânia?

EDMUNDO
Nem uma palavra.

CURAN
Pode ser que então ouças em breve. Até mais, senhor.
Sai

EDMUNDO
O Duque estará aqui esta noite! Melhor! O melhor!
Isto se encaixa necessariamente em meu negócio.
   [*Entra Edgar numa janela acima*]
Meu pai pôs guarda pra pegar meu irmão,
E eu tenho uma questão bem arriscada
Que devo executar. Brevidade e fortuna, atuai! —
Irmão, uma palavra, desce. Irmão, digo.
   [*Edgar desce*]
Meu pai vigia. Foge, Oh senhor, deste lugar.
Foi dada informação onde te ocultas.
Tens agora a boa vantagem da noite.
Nada falaste contra o Duque de Cornualha?
Ele está vindo aqui, agora, de noite, na pressa,
E Regan com ele. Não disseste nada
Sobre a contenda contra o Duque de Albânia?
Previne-te.

EDGAR
Tenho certeza, nem uma palavra.

EDMUNDO
Eu ouço meu pai vindo. Desculpa-me.
Devo sacar na astúcia minha espada contra ti.
Saca. Finge defesa. Agora, atua bem.
(*Gritando*) Rende-te, vem ante meu pai. Luz oh, aqui!
(*Para Edgar*) Foge, irmão! (*Gritando*) Tochas, tochas!
(*Para Edgar*)   Assim, adeus.
Sai Edgar
Algum sangue tirado de mim geraria
Impressão de um empenho mais feroz meu.
   Ele fere seu braço

                                                                        Já vi bêbados
Fazerem mais do que isso por diversão. (*Gritando*) Pai, pai!
Para, para! Oh, Socorro!
      Entram o Duque de Gloucester e criados com tochas

GLOUCESTER
                      Ora, Edmundo, onde está o vilão?

EDMUNDO
Aqui esteve no escuro, sua aguda espada sacada,
Resmungando magias vis, invocando a Lua
Pra ser sua protetora.

GLOUCESTER
              Mas onde está ele?

EDMUNDO
Olha, senhor, eu sangro.

GLOUCESTER
                  Onde está o vilão, Edmundo?

EDMUNDO
Fugiu por este lado, senhor, quando não podia —

GLOUCESTER
Persegue-o, oh! Vai atrás.   *Saem os criados*
              Não podia o quê?

EDMUNDO
Persuadir-me ao assassínio de vossa senhoria,
Mas eu lhe disse que os deuses vingadores
Miraram todos os trovões contra parricidas,
Falaram como forte e variado é o elo
Do filho com o pai. Senhor, finalmente,
Vendo como hostilmente oposto me postei

A seu propósito inatural, em impulso mortal
Com sua espada empunhada faz carga sobre meu corpo
Desprotegido, ferindo meu braço;
E quando viu meus alarmados ânimos,
Audazes no calor da briga, prontos pro encontro,
Ou talvez assustado pelo ruído que fiz,
Ele subitamente fugiu.

GLOUCESTER
                    Que fuja pra longe,
Não permanecerá livre nesta terra, e encontrado,
Será executado. O nobre Duque meu mestre,
Meu digno soberano e patrono, chega esta noite,
Por sua autoridade proclamarei
Que aquele que encontrá-lo terá nossa gratidão,
Por trazer o covarde assassino à justiça;
Pra quem o ocultar, morte.

EDMUNDO
Quando eu o dissuadi de sua intenção
E ainda o vi disposto a fazê-lo, com maldições
Ameacei expô-lo. Ele retrucou,
'Tu bastardo sem posses, pensas
Que se eu pudesse ficar contra ti, que a outorga
De qualquer confiança, virtude ou valor em ti
Tornaria críveis tuas palavras? Não, que eu negaria —
Como eu faria, sim, embora tenhas produzido
Minha caligrafia — eu viraria tudo contra
Tua trama, sugestão e prática maldita,
E deves achar todo mundo idiota
Se não pensarem que os lucros de minha morte
Seriam motivos potenciais
Pra te fazerem buscá-la.'

GLOUCESTER
                    Vilão estranho e exposto!
Ele negaria sua carta, ele disse?

Trombetas tocam dentro
Ouve, as trombetas do Duque. Eu não sei por que ele vem.
Todos portos fecharei. O vilão não escapará.
O Duque deve conceder-me isso; aliás, seu retrato
Mandarei a toda parte, que todo o reino
Possa saber bem quem ele é — e de minha terra,
Rapaz leal e natural, dos meios tratarei
Para tornar-te herdeiro.
Entram o Duque de Cornualha, Regan e criados

CORNUALHA
Como vais, nobre amigo? Desde que cheguei aqui,
Há alguns momentos, tenho ouvido estranhas notícias.

REGAN
Se for verdade, é pouca toda punição
Que o infrator possa sofrer. Como vais, meu senhor?

GLOUCESTER
Oh, senhora, meu velho coração está partido,
Está partido.

REGAN
Que, o afilhado do meu pai ameaçou tua vida?
Aquele que meu pai deu nome, teu Edgar?

GLOUCESTER
Oh, senhora, senhora, estou coberto de vergonha!

REGAN
Ele não era companheiro dos turbulentos
Cavaleiros que guardam meu pai?

GLOUCESTER
Não sei, senhora. Isso é mau, isso é mau.

EDMUNDO
Sim, senhora, ele andava com esse grupo.

REGAN
Não admira, então, se ele era de má índole.
Pois eles o puseram pra matar o velho,
Pra ficar com os espólios e despojos de suas rendas.
Eu fui bem informada esta noite por minha irmã
Sobre eles, e com tais precauções
Que, se vierem a pernoitar em minha casa,
Eu não estarei lá.

CORNUALHA
Nem eu, asseguro-te, Regan.
Edmundo, ouvi que tens mostrado a teu pai
Uma atitude de filho.

EDMUNDO
                    Foi meu dever, senhor.

GLOUCESTER (*para Cornualha*)
Ele de fato expôs a trama, e recebeu
O ferimento, que aqui vês, tentando apreendê-lo.

CORNUALHA
Ele está sendo perseguido?

GLOUCESTER
                    Sim, meu bom senhor.

CORNUALHA
Se for capturado, nunca mais haverá
Temor de ele fazer algum mal. Cumpre teu propósito
Como quiseres com meus meios. Pois tu, Edmundo,
Cuja virtude e obediência dão valor
Tamanho a este momento, serás nosso aliado.

Muito precisaremos de naturezas de funda
Confiança. Tu és quem primeiro queremos.

EDMUNDO
Servir-te-ei, senhor,
De verdade, não importa o resto.

GLOUCESTER (*para Cornualha*)
Sou grato à tua bondade por ele.

CORNUALHA
Não sabes por que nós viemos visitar-te —

REGAN
Assim em hora imprópria, urdindo a noite de olhos escuros —
Ocasiões, nobre Gloucester, de significância,
Em que devemos fazer uso de teu conselho.
Nosso pai escreveu, e também nossa irmã,
Sobre suas diferenças que pensei pouco adequadas
De responder de casa. Os vários mensageiros
Daqui aguardam despacho. Nosso velho bom amigo,
Põe teu peito em conforto, e concede
O teu conselho necessário a nossos assuntos,
Que requerem atenção imediata.

GLOUCESTER
Eu sirvo-te, senhora.
Vós sois muito bem-vindos.   *Trombetas tocam. Saem*

CENA II. DIANTE DO CASTELO DE GLOUCESTER.

Entram Kent, disfarçado, e Osvaldo, de direções diferentes

OSVALDO
Boa aurora a ti, amigo. És desta casa?

KENT
Sim.

OSVALDO
Onde podemos abrigar os cavalos?

KENT
Na lama.

OSVALDO
Por favor, se puderes ser gentil, me diz.

KENT
Não posso.

OSVALDO
Ora, então, não me importo contigo.

KENT
Se estivesses entre meus dentes, eu te faria te importares comigo.

OSVALDO
Por que te aproveitas de mim assim? Não te conheço.

KENT
Companheiro, eu te conheço.

OSVALDO
Pelo que me conheces?

KENT
Um velhaco, um patife, um comedor de sobras, um velhaco baixo, orgulhoso, raso, miserável, serviçal, pretensioso, imundo, de quinta categoria; um canalha covarde, acionador da justiça, bastardo, vaidoso, lacaio aplicado, meticuloso; escravo sem-teto; um que seria um cafetão pra melhorar de vida e é nada mais que a combinação de um velhaco, mendigo, covarde, proxeneta, com o filho e herdeiro

de uma cadela vira-lata, alguém que espancarei até choramingar clamorosamente se negares uma sílaba sequer desta descrição.

OSVALDO
Ora, que sujeito monstruoso és, pra destarte recriminares alguém que não é conhecido teu nem te conhece!

KENT
Que ousado pulha tu és, negando que me conheces! Passaram-se dois dias desde que tropecei em teus calcanhares e te bati na frente do Rei? Saca, seu canalha; pois embora seja noite, a lua ilumina.
[*Ele saca sua espada*]
Farei picadinho de ti, bastardo, vil almofadinha, saca!

OSVALDO
Afasta-te. Não tenho nada a ver contigo.

KENT
Saca, seu patife. Vens com cartas contra o Rei, e assumes o papel da marionete Vaidade[1] contra a realeza do pai dela. Saca, seu canalha, ou retalharei tuas canelas — saca, seu patife, vem como quiseres.

OSVALDO
Socorro, oh, assassínio, socorro!

KENT
Luta, seu escravo; aguenta, canalha! Aguenta, seu escravo bem vestido, luta!
[*Ataca Osvaldo*]

OSVALDO
Socorro, oh, assassínio, assassínio!
    Entram Edmundo, o bastardo, depois Cornualha, Regan, Gloucester e serviçais

---

[1] Goneril, comparada a marionetes em espetáculos desse tipo.

EDMUNDO
Como estais, qual é o problema? Afastai-vos.
[*Entra entre eles*]

KENT
Agora é contigo, garoto atrevido. Se quiseres, vem, arrancarei tua pele. Vamos, jovem mestre.

GLOUCESTER
Armamentos? Armas? Qual é o problema aqui?

CORNUALHA
Mantende a paz, por vossas vidas. Quem lutar de novo morre. Qual é o problema?

REGAN
Os mensageiros de nossa irmã e do Rei.

CORNUALHA (*para Kent e Osvaldo*)
Qual é vossa diferença? Falai.

OSVALDO
Estou sem fôlego, meu senhor.

KENT
Não admira, suscitaste tanto tua valentia, seu patife covarde. A natureza abdicou de ti; um alfaiate te fabricou.

CORNUALHA
Tu és um estranho sujeito — um alfaiate fabrica um homem?

KENT
Um alfaiate, senhor. Um escultor ou um pintor não poderiam tê-lo feito tão mal, mesmo que tivessem apenas dois anos no ofício.

CORNUALHA
Falai ainda; como cresceu vossa discórdia?

OSVALDO
Este velho facínora, senhor, cuja vida poupei por pena de sua barba grisalha —

KENT
Seu Z bastardo, sua letra desnecessária — (*para Cornualha*) meu senhor, se me deres licença, esmagarei este vilão grosseiro até virar argamassa e rebocarei a parede de um banheiro com ele. (*Para Osvaldo*) Poupou minha barba grisalha, sua lavandisca?[2]

CORNUALHA
Paz, senhor.
Seu velhaco bestial, não conheces a reverência?

KENT
Sim, senhor, mas a raiva tem privilégio.

CORNUALHA
Por que estás com raiva?

KENT
Que um escravo como este pudesse usar uma espada,
Sem ter honestidade. Canalhas risonhos que
Roem como ratos com frequência os laços sagrados,
Muito ligados pra soltar, saciam toda paixão
Que se rebela na natureza de seus senhores;
São óleo para o fogo, neve para humores frios,
Renegam, afirmam e giram seus ávidos bicos
A toda ventania e variação de seus mestres,
Sabendo nada, como cães, mas seguindo.
[*Para Osvaldo*] Maldito seja teu semblante epilético![3]
Tu ris de meus discursos como se eu fosse um bobo?

---

[2] Espécie de pássaro canoro também conhecido como lavandeira e alvéloa (*wagtail*), possui rabo longo que se agita quando em movimento.
[3] Convulsivo de medo.

Idiota, se eu te visse na Planície Sarum,[4]
Te mandaria cacarejando para Camelot.

CORNUALHA
O quê, estás louco, velho companheiro?

GLOUCESTER [*Para Kent*]
Como foi começada a briga? Fala.

KENT
Contrários não têm mais antipatia
Do que eu e tal velhaco.

CORNUALHA
                    Por que o chamas de velhaco?
Qual é sua falta?

KENT
                    Seu semblante não me agrada.

CORNUALHA
Nem o meu, porventura, nem o dele, nem o dela.

KENT
Senhor, é minha natureza ser franco:
Já vi rostos melhores em meu tempo
Do que aqueles que vejo sobre ombros
Neste instante à minha frente.

CORNUALHA
                    Este é um sujeito
Que, tendo sido elogiado por rudeza, afeta

---

[4] Planície de Salisbury, onde fica o monumento pré-histórico de Stonehenge; Camelot, a capital do reino do Rei Arthur; ambas são referências celtas no texto.

De fato, uma aspereza atrevida e força o sentido
Mais natural dos termos. Não pode lisonjear;
Uma mente honesta e franca, deve falar a verdade.
E assim será tomado; se não, ele é franco.
Bem conheço esse tipo de velhacos que, nessa
Franqueza, abrigam mais astúcia e fins mais corruptos
Do que vinte lacaios
Que seguem seu amo como patinhos.

KENT
Senhor, em boa fé, em sincera verdade,
Com a permissão de vossa alta posição,
Cuja influência, como a guirlanda de fogo
Radiante na fronte de Febo[5] cintilante —

CORNUALHA
O que queres dizer com isso?

KENT
Sair de minha linguagem, que desaprovas tanto. Sei, senhor, que não sou nenhum bajulador. Esse que te cativou com franca entonação foi um franco velhaco, que da minha parte não serei, embora deverei ganhar teu desagrado por tentar.

CORNUALHA (*para Osvaldo*)
Qual foi a ofensa que fizeste a ele?

OSVALDO
Eu nunca fiz nenhuma.
Agradou o Rei seu amo muito tarde
Me atacar por um mal-entendido,
Em que ele, junto, bajulando seu enfado,
Passou-me uma rasteira por trás; eu caído,

---

[5] Apolo, o deus Sol, já citado no primeiro ato.

Criticado, insultado, mostrou valentia
Pra ser reconhecido, ganhou elogios do Rei
Por atacar quem tinha recuado,
E na sede de sangue desse ato medonho,
Sacou a espada para mim aqui de novo.

KENT
Ajax é um bobo
Perto desses canalhas e covardes.

CORNUALHA
                 Trazei o tronco!
                             [*Saem alguns criados*]
Seu vetusto velhaco teimoso, seu velho
Fanfarrão, nós te ensinaremos.

KENT
Senhor, estou velho demais pra aprender.
Não traz o tronco para mim, eu sirvo o Rei,
Em cujo serviço fui enviado a ti.
Demonstrarás pouco respeito, mostrarás maldade
Demais contra a graça e pessoa do meu amo,
Ao prender no tronco seu mensageiro.

CORNUALHA [*chamando*]
Trazei o tronco! —
Por minha vida e honra, aí sentará ele
Até o meio-dia.

REGAN
Até o meio-dia? — até a noite, senhor, e também toda a noite.

KENT
Ora, senhora, se o cachorro do teu pai eu fosse,
Tu não me tratarias assim.

REGAN
                    Por ser o seu velhaco, senhor, eu o farei.
    Tronco trazido

CORNUALHA
Este é um sujeito do mesmo caráter
Que nossa irmã menciona. — Vamos, trazei o tronco.

GLOUCESTER
Deixa eu pedir à vossa graça pra não fazer isso.
O Rei seu amo vai se sentir mal
Que ele, tão fracamente estimado
Como seu mensageiro, ficasse retido assim.

CORNUALHA
Eu serei responsável por isso.
    [*Eles colocam Kent no tronco*]

REGAN
A minha irmã pode receber muito pior
Ter o seu cavalheiro injuriado, agredido.

CORNUALHA
Vamos, meu bom senhor.
                    Saem todos, menos Gloucester e Kent

GLOUCESTER
Sinto por ti, amigo. É o prazer do Duque,
Cujo temperamento, todo o mundo sabe,
Não será desviado ou parado. Instarei por ti.

KENT
Por favor, não, senhor. Vigiei e viajei muito.
Dormirei algum tempo; no mais, vou assobiar.
A boa sorte de um homem poderá ter fim
Em seus calcanhares. Tenha um bom dia.

GLOUCESTER
A culpa é do Duque; isto será mal visto. *Sai*

KENT
Bom Rei, que deve o dito comum aprovar:
Aquele que sai das bênçãos do céu
Vai pro sol quente.
   [*Ele tira uma carta*]
Acerca-te, farol, deste sub globo,
Que eu possa por teus raios confortáveis
Perscrutar esta carta. A miséria nos faz
Ver melhor os milagres. Eu sei que é da Cordélia,
Que agora foi felizmente informada
Do meu percurso disfarçado, e encontrará tempo
Pra este meu terrível estado, buscando
Remediar essas perdas. Cansados e vigiados,
Tirai vantagem, olhos pesados, pra não verem
Esta acomodação vergonhosa. Fortuna,
Boa noite; sorri uma vez mais; gira tua roda.
Ele dorme

CENA III. UM BOSQUE.

Entra Edgar

EDGAR
Ouvi minha prisão proclamada,
E pelo oco feliz de uma árvore
Escapei da caçada. Nenhum porto é livre,
Todo lugar mantém incomum vigilância
Pra efetuar minha captura. Enquanto possa
Escapar, vou me preservar e decidido estou
A tomar a forma mais baixa e mais pobre
Que toda penúria, em desprezo do homem,
Trouxe ao nível animal. Sujarei o meu rosto,

Cobrirei o meu dorso, e os cabelos enredarei,[6]
E com nudez exposta encararei
Os ventos e as perseguições do céu.
O país me dá prova e precedente
Dos mendigos de Bedlam[7] com vozes troantes
Que enfiam em seus braços nus e dormentes
Tachas, estrepes, pregos, ramos de alecrim,
E com esse espetáculo horrível impõem às granjas,
Aldeias miseráveis, currais e moinhos,
Ás vezes com blasfêmias loucas, outras, com orações,
A caridade. 'Pobre Turlygod, Pobre Tom.'
Isso é algo ainda. Edgar eu nada sou.

Sai

CENA IV. EM FRENTE AO CASTELO DE GLOUCESTER.
KENT NO TRONCO.

Entram Rei Lear, seu Bobo e [o primeiro] Cavalheiro

LEAR
É estranho que eles[8] tenham partido de casa assim,
Sem mandar de volta meu mensageiro.

CAVALEIRO
                          Pelo que eu saiba,
Na noite anterior não havia intenção
Desta mudança.

---

[6] *Elf all my hairs in knots,* ou seja, emaranhar os cabelos como nos fariam os elfos durante a noite.
[7] Referência ao asilo de Bedlam e ao mendigo Pobre Tom, citados também na cena 2 do Ato I. A outra expressão abaixo, *Turlygod / Tuelygod*, possivelmente é derivada do termo *Turlupin / Turlipin*, nome de uma fraternidade de mendigos nus ou seminus ao redor de Paris no século 14.
[8] Cornualha e Regan, naturalmente.

KENT (*despertando*)
Salve a ti, nobre amo.

LEAR
Ha! Fazes dessa vergonha teu passatempo?

KENT
                        Não, meu senhor.

BOBO
Ha, ha! Ele usa ligas de lã apertadas.[9] Cavalos são atados pela cabeça, cães e ursos pelo pescoço, macacos pelo dorso e homens pelas pernas. Quando um homem é robusto demais nas pernas, então ele usa meias de madeira.

LEAR (*para Kent*)
Quem se enganou tanto com tua posição
Para te colocar aqui?

KENT
                   É tanto ele quanto ela:
Teu genro e filha.

LEAR
                Não.

KENT
                        Sim.

LEAR
                           Não, eu digo.

---

[9] *Cruel garters* (ligas de lã cruéis) contém um trocadilho com *crewel*, que é um fio de lã para bordar ou fazer ligas (para meias).

KENT
Eu digo sim.

LEAR
Por Júpiter, eu juro que não.

KENT
Por Juno,[10] eu juro que sim.

LEAR
                    Eles não ousariam fazer isso,
Não podiam, não poderiam. É pior que homicídio,
Cometer esse ultraje violento ao respeito.
Diga-me sem muita pressa de que forma
Tu poderias merecer isso ou que eles infligissem
Isso a ti.

KENT
Meu senhor, quando em sua residência
Entreguei as cartas de vossa alteza a eles,
Antes que me erguesse de onde mostrava
Meu dever de joelhos, chegou um mensageiro infecto,
Ansioso na pressa, já meio ofegante, arfando
Saudações de Goneril, sua senhora,
Entregou cartas, apesar de interrupções,
Que em breve leram, sobre cujo conteúdo
Convocaram os criados, tomaram os cavalos,
Mandaram-me segui-los e aguardar
O tempo da resposta, trataram-me com frieza;
E encontrando aqui o outro mensageiro,
Cuja chegada tinha envenenado a minha —
Sendo o mesmo sujeito que mais tarde

---

[10] Esposa de Júpiter, na mitologia romana, rainha dos deuses, deusa do matrimônio e do nascimento; Hera é sua equivalente grega.

Foi tão ofensivo contra vossa alteza —
Tendo mais brio que argúcia, ele sacou a espada.
Ele acordou a casa com altos, covardes gritos.
Teu genro e tua filha acharam essa invasão
Digna da vergonha que aqui padece.

BOBO
O inverno não se foi ainda se os gansos selvagens voarem nessa direção.
[*Canta*] Pais que trajam estopa
Deixam seus filhos cegos,
Mas pais que portam bolsas
Verão seus filhos benévolos.
A Fortuna, essa puta notória,
Nunca aos pobres abre a porta.
Mas, por tudo isso, terás tantos dolores[11] por tuas filhas quantos poderás contar em um ano.

LEAR
Oh, como incha esta mãe rumo ao meu coração!
Histeria[12] desce, tua mágoa ascendente;
Teu lugar é abaixo. — Onde está essa filha?

KENT
Com o Conde, senhor, aqui dentro.

LEAR
             Não me segue; fica aqui.   *Sai*

CAVALHEIRO (*para Kent*)
Não cometeu mais delitos do que diz?

---

[11] No original, *dolours*, que gera um trocadilho com dólares.
[12] *Hysterica passio*, termo médico em latim para uma desordem que se acreditava ser exclusivamente feminina, e que se originaria no útero, subindo para a parte superior do corpo, causando sufocamento e enjoo (sintomas de histeria mesmo).

KENT
Nenhum.
Como que o Rei vem com um séquito tão pequeno?

BOBO
Se fosses posto no tronco por essa pergunta, terias merecido.

KENT
Por que, bobo?

BOBO
Nós te mandaremos para a escola das formigas, para aprenderes que não se trabalha no inverno. Todos que seguem seus narizes são levados por seus olhos, exceto homens cegos, e não há um nariz entre vinte que não possa farejar aquele que está fedendo. Quando uma grande roda desce colina abaixo, tens que soltá-la, para que ela não quebre teu pescoço nessa corrida; mas a grande roda que vai colina acima, deixa que o puxe junto. Quando um homem sábio te der conselho melhor, devolve o meu. Quero apenas velhacos seguindo-o, já que foi dado por um bobo.
[*Canta*]
    Senhor que serve e o ganho busca
    E segue só por praxe,
    Partirá quando começa a chuva,
    E te deixará na tempestade.

    Mas tardarei, o bobo ficará,
    Deixa fugir o sábio.
    Vira bobo quando foge o criado,
    Por Deus, o bobo não é crápula.

KENT
Onde aprendeu isso, Bobo?

BOBO
Não no tronco, tolo.
    Entram Rei Lear e o Duque de Gloucester

LEAR
Recusam-se a falar comigo? Estão doentes,
Cansados, viajaram toda a noite? — meras
Desculpas, são imagens de revolta e deserção.
Busca uma melhor resposta.

GLOUCESTER
                    Meu caro senhor,
Sabeis da qualidade irascível do Duque,
O quão irremovível e fixo ele é
Em seus modos.

LEAR
                    Vingança, praga, morte, confusão!
Que 'qualidade'? 'Irascível'? Ora, Gloucester, Gloucester,
Quero falar com o Duque de Cornualha e sua esposa.

GLOUCESTER
Bem, meu bom senhor, eu os informei disso.

LEAR
'Os informei'? Tu me compreendes, homem?

GLOUCESTER
Sim, meu bom senhor.

LEAR
O Rei irá falar com Cornualha; o caro pai
Quer falar com sua filha, ele manda, ele aguarda.
Disso estão eles 'informados'? Meu fôlego e sangue —
'Irascível'? O Duque 'irascível' — ao Duque quente
Diz que — Não, não ainda. Talvez ele não esteja bem.
A enfermidade priva-nos de todos os deveres
Aos quais nossa saúde está presa. Os mesmos não somos
Quando, oprimida, a natureza ordena à mente
Para sofrer com o corpo. Vou ser paciente,

E reterei minha vontade mais impetuosa
De tomar um homem indisposto e doente
Por um são. — [*Ele nota Kent de novo*] É morte à minha situação, por que
Devia ele sentar aqui? Este ato me persuade
Que esta ausência do Duque e dela é apenas
Fingimento. Tira meu criado do tronco.
Vai dizer ao Duque e sua esposa que falarei com eles,
Agora, logo. Roga-lhes pra vir e ouvir-me,
Ou baterei tambor à porta de seu aposento
Até que não consigam mais dormir.

GLOUCESTER
Eu queria que ficasse tudo bem entre vós.

Sai

LEAR
Oh eu, meu coração! Meu coração se eleva! Mas desce.

BOBO
Grita com ele, meu tio, como fez a dona de casa londrina[13] com as enguias quando ela as colocou vivas na massa. Ela bateu em suas cabeças com uma vareta e gritou 'Desçam, danadas, desçam!' Foi o irmão dela que, por pura bondade a seu cavalo, untou seu feno
Entram Cornualha, Regan, Gloucester e criados

LEAR
Bom dia a ambos.

CORNUALHA
Salve vossa graça.
Kent é posto em liberdade

---

[13] *Cockney*, no caso, se refere a uma dona de casa residente na zona leste de Londres, que possui sotaque próprio.

REGAN
Estou contente de ver vossa alteza.

LEAR
Regan, acho que estás. Eu sei que motivo
Tenho pra assim pensar. Pois se não estivesses,
Eu me divorciaria do túmulo de tua mãe,
Sepultando uma adúltera.[14] (*Para Kent*) Oh, estás livre?
Falamos disso outra hora.   [*Kent sai*]
                    Amada Regan,
Tua irmã é perversa. Oh, Regan, ela atou
A dureza de agudos dentes como um abutre aqui. [*Aponta para seu coração*]
Eu mal posso falar contigo. Não crerás
Com que corrupta qualidade — Oh, Regan!

REGAN
Peço, senhor, tende paciência. Tenho esperança
Que saibais menos como apreciá-la
Do que ela ignorar seu dever.

LEAR
                              Diz, como é isso?

REGAN
Não posso nem pensar que minha irmã falharia
Sua obrigação. Se, senhor, por acaso,
Ela tenha freado os tumultos de vossos
Adeptos, foi com base tal e fim tão salutar
Que livra ela de toda culpa.

LEAR
Minhas maldições a ela.

---

[14] Já que uma filha deveria estar contente de ver o pai, caso contrário, ela não seria filha dele e a esposa, agora enterrada, teria cometido traição.

REGAN
Oh, senhor, estais velho.
A natureza em vós jaz na própria orla
De seu limite. Deveríeis ser regido e guiado
Por algum juízo que entenda vosso estado
Melhor que vós mesmo. Por isso, peço-vos
Que para nossa irmã realmente retorneis;
Dizei que a ofendeste.

LEAR
                              Pedir-lhe perdão?
Realmente achas que isso cabe à realeza?
[*Ajoelhando-se*] 'Cara filha, confesso que estou velho.
A velhice é inútil. Imploro de joelhos
Que me concedas vestimenta, cama e alimento.'[15]

REGAN
Bom senhor, não mais. Esses truques são feios.
Retornai pra minha irmã.

LEAR [*Levantando-se*]
Nunca, Regan.
Ela privou-me de metade de meu séquito,
Encarou-me, golpeou-me com sua língua
De serpente direto no meu coração.
Que todas as vinganças do céu caiam
Em sua cabeça ingrata! Atacai seus jovens ossos,
Vapores infecciosos, com claudicação.

CORNUALHA
Que vergonha, senhor, que vergonha.

LEAR
Vós ágeis raios, dardejai vossas cegantes flamas
Em seus olhos soberbos. Infectai a sua beleza,

---

[15] As aspas indicam que é uma fala irônica dirigida à Goneril.

Névoas hauridas do palude pelo sol potente
Para caírem e [romperem seu orgulho].[16]

REGAN
                              Oh, os abençoados deuses!
Assim ireis desejar-me quando a audácia chegar.

LEAR
Não, Regan. Jamais terás minha maldição.
Tua doce natureza não te levará
À dureza. Seus olhos são ferozes, mas os teus
Realmente confortam e não queimam. Não está em ti
Renegar meus prazeres, cortar o meu séquito,
Retrucar com palavras apressadas, reduzir
Minha pensão, e, por fim, cerrar a tranca
Contra minha entrada. Conheces melhor
Os naturais deveres, o elo de infância,
Os bens da cortesia, obrigações de gratidão.
Tua metade do reino não esqueceste,
Que concedi a ti.

REGAN
                Bom senhor, à questão.

LEAR
Quem pôs meu mensageiro no tronco?
    Trombetas tocam dentro

CORNUALHA
                           Que trombeta é essa?
    Entra Osvaldo, o mordomo

---

[16] Trecho entre colchetes do texto Quarto, para completar o sentido desta linha.

REGAN
Conheço, é de minha irmã. Isso atesta sua carta
De que estaria aqui em breve. (*Para Osvaldo*) Chegou tua senhora?

LEAR
Esse é um escravo cujo orgulho tomado de empréstimo
Habita a graça doentia daquela que ele segue.
(*Para Osvaldo*) Fora da minha vista, pulha!

CORNUALHA
O que quereis dizer vossa graça?
Entra Goneril

LEAR
Quem prendeu meu criado no tronco? Regan, espero
Que não sabias disso. Quem vem aqui? Oh, céus,
Se amais os velhos mesmo, se vosso regime amável
Permite obediência, se sois mesmo velhos,
Fazei vossa esta causa! Ficai ao meu lado.
(*Para Goneril*) Não estás envergonhada de olhar esta barba?
Oh, Regan, a tomarás pela mão?

GONERIL
Por que ela não me tomaria pela mão, senhor?
Como ofendi? Nem tudo que a imprudência diz que é ofensa
E a senilidade chama assim, é.

LEAR
                              Oh, corpo, quanto esforço!
Suportarás ainda? — Como ele acabou no tronco?

CORNUALHA
Eu o pus lá, senhor; mas suas próprias desordens
Mereciam muito mais punição.

LEAR
Tu? Fizeste isso?

REGAN
Peço-vos, pai, estando fraco, assim pareçais.
Até a expiração de vosso mês,
Retornareis e residireis com minha irmã,
Dispensai meio séquito, e então vinde ficar comigo.
Estou agora fora de casa e sem a
Provisão que será necessária pra vossa estada.

LEAR
Retornar pra ela, e cinquenta homens dispensados?
Não, antes renegar todos os tetos e escolher
Ser um companheiro de lobo e coruja,
Pra lutar contra a inimizade do ar livre,
No agudo aperto da necessidade. Retornar com ela?
Ora, o impulsivo Rei de França, que é o sem dote que
Tomou nossa caçula — eu bem podia me ajoelhar
Ante seu trono e, feito servo, implorar pensão
Para manter uma vida básica. Retornar com ela?
Mais fácil convencer-me a ser escravo e burro
De carga deste detestável cavalariço. [*aponta para Osvaldo*]

GONERIL
À vossa escolha, senhor.

LEAR
Peço-te, filha, não me deixa louco.
Não te perturbarei, minha menina. Adeus.
Não nos encontraremos mais, não nos veremos mais.
Mas tu és minha carne, meu sangue, minha filha ainda —
Ou melhor, uma doença que está em minha carne,
Que eu devo chamar de minha. És um furúnculo,
Uma chaga de peste, um carbúnculo incrustado
Em meu corrompido sangue. Mas não vou te ralhar.

Que venha a vergonha quando quiser, eu não a chamo.
Não rogo ao portador do trovão tiros,
Nem recito teus contos ao julgador Júpiter.
Corrige-te quando puderes; melhora em teu tempo.
Posso ser paciente, posso ficar com Regan,
Eu e meus cem cavaleiros.

REGAN
                Não todos juntos.
Não me ocupei de vós ainda, nem estou provida
Pra vossa justa acolhida. Ouve, senhor, minha irmã;
Quem com a razão entende vossas emoções
Deve estar contente de ver vossa velhice, e assim —
Ela sabe o que faz.

LEAR
              É isso mesmo que dizes?

REGAN
Ouso afirmar que sim, senhor. Ora, cinquenta adeptos?
Não está bem assim? Precisaríeis de mais pra quê,
Sim, ou tantos, já que tanto custo e perigo
Vão contra número tão grande? Como em uma casa
Muitas pessoas poderiam, sob dois comandos,
Manter cordialidade? É difícil, quase impossível.[17]

GONERIL
Por que, meu senhor, não poderíeis receber auxílio
Daqueles que ela chama de criados ou dos meus?

REGAN
Por que não, meu senhor? Se eles vos descuidassem então,
Nós poderíamos controlá-los. Se vierdes pra

---

[17] Uma referência direta ao próprio ato de Lear, ao dividir o reino.

Minha casa — por agora vejo perigo — suplico-vos
Que apenas tragais vinte e cinco; a não mais que
Isso darei abrigo ou atenção.

LEAR
Eu vos dei tudo.

REGAN
E na hora certa destes.

LEAR
Tornei-vos minhas guardiãs, minhas depositárias,
Mas mantive uma reserva a ser seguida
Com certo número. O que, devo ir à tua casa
Com vinte e cinco? Regan, disseste isso?

REGAN
E falo, meu senhor, de novo. Não mais que isso.

LEAR
Criaturas perversas parecem, porém, melhores
Quando outras mais perversas existem. Não ser a pior
Leva a algum posto de louvor. (*Para Goneril*) Irei contigo.
Teus cinquenta duplicam ainda os vinte e cinco,
E tens o dobro do amor dela.

GONERIL
                    Ouvi-me, meu senhor,
Pra que precisais vinte e cinco, dez ou cinco,
Pra seguirdes em uma casa onde o dobro dos vossos
Tem ordens de assistir-vos?

REGAN
                    Para que precisais de um?

LEAR
Oh, não julgues a necessidade! Nossos mais baixos
Mendigos têm supérfluos nos seus itens mais humildes.
Se à natureza não permites mais do que precisa,
A vida do homem é tão vulgar quanto a do animal.
És uma dama. Se calor é tudo que precisas,
A natureza não precisa de tuas lindas vestes,
Que mal te aquecem. Mas, sobre real necessidade —
Céus, dai-me paciência, paciência eu preciso.
Vedes-me aqui, deuses, um pobre velho,
Cheio tanto de dor quanto de idade, aflito em ambas.
Se fordes vós quem atiçais os corações das filhas
Contra seu pai, não me enganeis assim pra suportá-lo
Mansamente. Tocai-me com nobre ira,
E não deixeis as armas femininas, lágrimas,
Mancharem estas faces masculinas. Não,
Bruxas inaturais, terei essas vinganças contra
Ambas, que todo o mundo — farei essas coisas —
O que elas são, não sei ainda; mas serão
Os terrores da terra. Pensais que chorarei.
Não, não chorarei. Tenho razão plena para pranto,
    Tempestade e temporal
Mas este coração se romperá em cem mil fissuras
Antes do pranto. — Oh, Bobo, vou enlouquecer!
    Saem Lear, Bobo, Cavaleiro e Gloucester

CORNUALHA
Vamos nos retirar, haverá uma tempestade.

REGAN
Esta casa é pequena. O velho e seu pessoal
Não vão ficar bem alojados.

GONERIL
                    Por sua própria culpa;
Privou-se de repouso, e vai provar da própria insânia.

REGAN
Receberei alegremente ele sozinho,
Mas nem um cavaleiro.

GONERIL
                    Assim estou determinada.
Onde está meu senhor de Gloucester?

CORNUALHA
Seguiu o velho.
    [*Reentra Gloucester*]
            Retornou.

GLOUCESTER
O Rei está em grande fúria.

CORNUALHA
                    Onde está indo?

GLOUCESTER
Ele pediu o cavalo, mas não sei para onde vai.

CORNUALHA
É melhor deixar ir. Ele se guia.

GONERIL
Meu senhor, não supliques que fique de modo algum.

GLOUCESTER
Infelizmente, a noite vem e os altos ventos
Sopram enfurecidos. Por muitas milhas em volta
Mal existe um arbusto.

REGAN
                    Oh, senhor, pra homens teimosos,
As feridas que buscam pra si mesmos
Devem ser suas mestras. Cerra tuas portas.
Ele é servido por um séquito exasperado,
E ao que eles podem incitá-lo, estando apto a ter
O ouvido abusado, a sabedoria manda temer.

CORNUALHA
Cerra tuas portas, meu senhor. É uma noite selvagem.
Minha Regan aconselha bem. Sai da tormenta.
                                                    Saem

ATO III

CENA I. UMA CHARNECA.

A tempestade continua. Entram Kent, disfarçado, e o primeiro Cavalheiro, de lados diferentes

KENT
Quem está aí, além do mau tempo?

[PRIMEIRO] CAVALHEIRO
Alguém com o mesmo mau humor,
Muito intranquilo.

KENT
                       Eu te conheço. Onde está o Rei?

[PRIMEIRO] CAVALHEIRO
Altercando com os elementos inquietos;
Clama aos ventos que soprem a terra ao mar
Ou lancem as ondas encrespadas sobre o continente,
Que as coisas possam mudar ou cessar.

KENT
                       Mas quem está com ele?

[PRIMEIRO] CAVALHEIRO
Ninguém exceto o Bobo, que labuta pra alentar
As feridas de seu coração com gracejos.

KENT

                Senhor, eu realmente te conheço.
E ouso sobre o que sei de ti recomendar-te
Uma coisa preciosa. Há uma divisão,
Embora seu rosto ainda esteja coberto
Por mútua astúcia, entre Albânia e Cornualha,
Que têm — quem não tem suas grandes estrelas
Altamente entronadas? — criados, que não parecem
Menos que espiões e especulações, informantes
De nosso estado à França. O que tem sido visto,
Tanto em rixas e tramas dos Duques,
Ou na dura rédea que ambos têm portado
Contra o bom e velho Rei; ou algo mais profundo,
Do que talvez essas coisas sejam só afetações —

[PRIMEIRO] CAVALHEIRO
Falarei mais contigo.

KENT

                        Não, não fala.
Para confirmação de que sou muito mais
Do que minha aparência, abre esta bolsa e pega
O que ela contém. Se vires Cordélia —
Não duvido que a verás — mostra-lhe este anel
E ela te dirá quem é este sujeito
Que ainda não conheces. Ao diabo com essa
Tempestade! Irei procurar o Rei.

[PRIMEIRO] CAVALHEIRO
Deixa-me apertar tua mão. Não tens mais nada a dizer?

KENT
Poucas palavras, mas com efeito maior que todas:
Que quando tivermos encontrado o Rei — vai naquela
Direção, irei nesta — aquele que primeiro o vir
Grita pelo outro.   *Saem por lados diferentes*

CENA II. OUTRA PARTE DA CHARNECA.

A tempestade continua. Entram Lear e o Bobo

LEAR
Soprai, ventos e rachai vossas faces! Rebentai,
Soprai, inundações e furacões, jorrai
Até que tenhais encharcado nossos campanários,
Afogado os cata-ventos! Vós cáusticos e rápidos
Clarões, arautos dos raios que partem carvalhos,
Chamuscai minha cabeça branca; e tu trovão que a tudo
Estremece, achata a espessa redondeza do mundo,
Racha os moldes da natureza, de uma vez derrama
Todos os germens que geram homens ingratos.

BOBO
Oh meu tio, um beija-mão[1] numa casa seca é melhor que este banho de chuva ao ar livre. Meu bom tio, vamos entrar e pedir a bênção de tuas filhas. Esta noite não tem pena nem de sábios nem de tolos.

LEAR
Ribomba teus excessos; cospe, raio; jorra, chuva.
Nem chuva, vento, trovão, raio, são minhas filhas.
Não vos acuso de maldade, elementos.
Nunca vos dei reino, chamei de filhos.
Não me deveis submissão. Que desabem o vosso
Horrível prazer. Posto-me aqui vosso escravo,
Um velho pobre, enfermo, fraco, desprezado,
Porém, ainda vos chamo ministros servis,
Que, unidos a duas filhas perniciosas, fareis
Vossa batalha celestial contra uma cabeça
Tão velha e branca como esta. Oh, oh, isto é imundo!

---

[1] *Court holy water*: uma expressão com as palavras "água benta na corte" com o sentido de bajulação, lisonja, para angariar um favor; o "beija mão" tem o significado equivalente em português, tanto no sentido imperial quanto no eclesiástico. A frase seguinte reforça a ideia.

BOBO
Aquele que tem uma casa pra botar a cabeça dentro tem uma boa cabeça.
[*Canta*]   Quem abre muito a braguilha
   Sem ter um teto por cima,
Terá piolhos às pilhas,
   Pois mendigos os aglutinam.
O homem que ergue o dedo do pé
   Mais alto que seu coração
Chorará de aflição
   E o sono irá perder —
pois nunca houve mulher bonita que não gostasse de se enfeitar no espelho.
Entra Kent disfarçado

LEAR
Não, serei o padrão de toda paciência.
Não direi nada.

KENT
Quem está aí?

BOBO
Pela virgem Maria, uma graça e uma braguilha — um sábio e um tolo.

KENT (*para Lear*)
Ai de mim, senhor, estais aqui? Coisas que amam a noite
Não amam noites como estas. Os céus irados
Amedrontam os próprios vagantes do escuro
E os obrigam a ficar nas cavernas. Do que recordo,
Tais flamas de fogo, tais explosões de atroz trovão,
Tais lamentos de ventos ferozes e chuva, nunca
Lembro ter ouvido. A natureza do homem não
Consegue suportar nem essa aflição nem o medo.

LEAR
               Que os grandes deuses,
Que mantêm essa bulha horrível sobre nós,
Descubram seus inimigos agora. Treme,
Desgraçado, que tens dentro de ti crimes ocultos
Escapados da justiça; oculta-te, mão sangrenta,
Perjurado, e tu simulacro de virtude,
Pois és incestuoso; biltre, quebra-te em pedaços,
Pois sob dissimulação e aparência tens tramado
Contra a vida humana; contidas culpas ocultas,
Fendei vossos velados invólucros e gritai
Clemência a esses horríveis deuses. Sou um homem
Que é mais alvo de pecado alheio que pecador.[2]

KENT
Ai de nós, com a cabeça descoberta?
Meu afável senhor, aqui perto há uma choça.
Será um local amigável contra a tormenta.
Repousa nela enquanto eu à dura casa —
Mais pétrea que as pedras onde foi erguida,
Que mesmo agora, pedindo por ti,
Negaram-me entrada — retorno e forço
Sua escassa cortesia.

LEAR
               Minha argúcia começa a falhar.
(*Para o Bobo*) Vamos, garoto. Como estás, meu garoto? Com frio?
Eu mesmo estou com frio. — [*para Kent*] Onde está essa palha, meu caro?
A arte de nossas necessidades é estranha,
E pode tornar coisas vis em preciosas. Vamos
À tua choça. — Pobre bobo e velhaco, tenho uma parte
Em meu coração que ainda sente por ti.

---

[2] O verso original, "I am a man / More sinned against than sinning", indica que Lear se julga menos pecador do que aqueles que cometem pecado contra ele, ao mesmo tempo que parece crer que a punição dos pecados alheios esteja recaindo sobre ele.

BOBO [*Canta*]
Aquele que tem uma argúcia minúscula,
  Com ah, oh, o vento e a chuva,
Deve aceitar a pouca fortuna,
  Pois todo dia vem chuva.

LEAR
Verdade, garoto. (*Para Kent*) Vamos, leva-nos a essa choça.
Saem Lear e Kent

BOBO
Esta é uma bela noite pra apagar o fogo de uma cortesã. Farei uma profecia antes de sair:
Quando padres não cumprem sua própria palavra;
Quando cervejeiros maculam seu malte com água;
Quando nobres são tutores de seus alfaiates,
Hereges não queimam, pretendentes com putas ardem,[3]
O reino de Albion[4] então
Será uma grande confusão.
Quando todo processo legal for correto;
Nenhum cavaleiro pobre, nenhum escudeiro em débito;
Quando calúnias não vivem nas línguas,
Nem há na multidão punguistas;
Quando agiotas contam ouro ao ar livre,
E cafetões e putas igrejas erigem,
Então vem o tempo, quem viver verá,
Quando os pés serão usados pra caminhar.
Esta profecia Merlin[5] a fará; pois vivo antes de seu tempo.
Sai

---

[3] Literalmente, ardendo com a inflamação de doenças venéreas, como quem arde na fogueira.

[4] *Albion*, antigo nome celta e também poético da Inglaterra / Grã Bretanha.

[5] Ou Merlim, mago, profeta e conselheiro do Rei Artur, que previu o fim do mundo em versos semelhantes a estes. Como diz o Bobo, a tragédia do Rei Lear acontece séculos antes da época narrada nas lendas arturianas.

CENA III. CASTELO DE GLOUCESTER.

Entram o Conde de Gloucester e Edmundo

GLOUCESTER
Ai de nós, ai de nós, Edmundo, não gosto desta conduta antinatural. Quando desejei sua permissão[6] para me apiedar dele, eles tomaram de mim o uso de minha própria casa, me impuseram, sob pena de seu desagrado perpétuo, não falar dele, rogar por ele ou de alguma forma sustentá-lo.

EDMUNDO
Extremamente selvagem e antinatural!

GLOUCESTER
Tá, não digas nada. Há uma divisão[7] entre os Duques e um assunto pior do que esse. Recebi uma carta esta noite — é perigoso falar dela — tranquei a carta em meus aposentos. Essas injúrias que o Rei sofre agora serão vingadas totalmente. Há parte de um poder[8] já desembarcado. Devemos tomar o lado do Rei. Eu buscarei por ele e o tranquilizarei em segredo. Vai e mantém conversa com o Duque, que meu auxílio não seja percebido por ele. Se ele perguntar por mim, estou doente e fui pra cama. Se eu morrer por isso — pois não menos é ameaçado a mim — o Rei meu velho amo deve ser tranquilizado. Há estranhas coisas vindo, Edmundo; por favor, sê cuidadoso. *Sai*

EDMUNDO
Desta cortesia, a ti proibida, que o Duque
Saiba imediatamente e da carta também.
Isso parece um justo apreço, e deve dar-me

---

[6] Duque e Duquesa de Cornualha.
[7] Na verdade, este conflito nunca vai adiante, ainda mais que logo vão se aliar contra a invasão da França.
[8] O exército francês.

O que perde meu pai: não menos que suas terras.
Quando o velho cai, o mais jovem se eleva.   *Sai*

CENA IV. A CHARNECA DIANTE DA CHOÇA.

Entram Lear, Kent, disfarçado, e o Bobo de Lear

KENT
Eis o lugar, meu senhor. Meu bom senhor, entra.
A tirania da noite aberta é áspera demais
Pra natureza enfrentar.
　　Tempestade continua.

LEAR
　　　　　　　Deixa-me em paz.

KENT
Meu bom senhor, entra aqui.

LEAR
　　　　　　　Partirás meu coração?

KENT
Eu preferia partir o meu. Meu bom senhor, entra.

LEAR
Pensas que é muita coisa que esta agressiva tormenta
Trespasse-nos até a pele. Assim é pra ti;
Mas onde a doença maior é fixada,
Mal se sente a menor. Podes evitar um urso,
Mas se tua fuga leva-te ao mar ruidoso,
Encontrarás o urso lá. Quando a mente está livre,
O corpo fica delicado. Esta tormenta em minha
Mente tira todo o sentimento de meus sentidos
Salvo o que bate aí: ingratidão filial.

Não é como se esta boca fosse rasgar esta mão
Por levar-lhe alimento? Mas punir-lhes-ei por certo.
Não, não lamentarei mais. — Numa noite assim
Trancar-me fora? Verte, resistirei.
Numa noite como esta! Oh, Regan, Goneril,
Vosso velho amável pai, cujo coração aberto
Vos deu tudo — Oh, esse é o caminho pra loucura.
Que eu me afaste disso. Não mais disso.

KENT
Meu bom senhor, entra aqui.

LEAR
Por favor, entra. Busca teu próprio conforto.
Esta tormenta não me permitirá ponderar
Coisas que iriam me ferir mais; mas entrarei.
(*Para o Bobo*) Entra, garoto; vai primeiro. [*Ajoelhando-se*] Oh, pobreza sem casa —
Não, entra. Rezarei e então dormirei. *Sai o Bobo*
Pobres miseráveis expostos, onde quer que estejam,
Que suportam as torrentes dessa tormenta inclemente,
Como vossas cabeças sem teto e delgados flancos,
Vossos trapos esfarrapados, vos defenderão
De estações como estas? Oh, eu cuidei muito
Pouco disso. Tomai remédios, seus pomposos,
Exponde-vos pra sentir o que os miseráveis sentem,
Que possais entregar vossa superfluidade a eles
E mostrar que os céus são mais justos.
Entram o Bobo de Lear e Edgar, como o mendigo de Bedlam, na choça

EDGAR
Uma braça[9] e meia! Uma braça e meia! Pobre Tom!

---

[9] Na Inglaterra, uma braça equivale a 1,83 m (medida para profundidade da água).

BOBO
Não entres aqui, meu tio. Eis um espírito. Ajuda-me, ajuda-me!

KENT
Dá-me tua mão. Quem está aí?

BOBO
Um espírito, um espírito. Ele diz que seu nome é Pobre Tom.

KENT
O que és tu que grunhes aí na palha?
Aparece.
  [*Edgar aparece*]

EDGAR
Fora, o fétido demônio me segue.
Pelo agudo espinheiro sopram os ventos frios. Hum!
Vai pra tua cama fria e te aquece.

LEAR
Deste tudo às tuas duas filhas,
E acabaste assim?

EDGAR
Quem dá alguma coisa ao Pobre Tom, a quem o fétido demônio conduziu por fogo e flama, por vau e redemoinho, sobre pântano e atoleiro; que tem posto facas sob seu travesseiro e laços em seu banco de igreja, e veneno de rato ao lado de seu mingau, o fez orgulhoso pra cavalgar um cavalo baio sobre pontes estreitas, e perseguir sua própria sombra como traidora. Benditas sejam tuas cinco faculdades,[10] Tom está gelado! Oh, do, de, do, de, do, de. Protege-te dos redemoinhos, explosões de estrelas e pestilência. Faz

---

[10] Senso comum, imaginação, fantasia, juízo e memória.

alguma caridade ao Pobre Tom, a quem o fétido demônio oprime. Vou te pegar aí agora, e aí, e aí de novo, e aí.[11]
Tempestade continua

LEAR
As filhas dele o trouxeram a essa condição?
(*Para Edgar*) Não pudeste salvar nada? Deste tudo a elas?

BOBO
Não, ele guardou um cobertor, senão estaríamos todos constrangidos.

LEAR (*Para Edgar*)
Agora, que todas as pragas pendentes no ar
Sobre as faltas dos homens caiam sobre tuas filhas!

KENT
Ele não tem filhas, senhor.

LEAR
Morte, traidor! Nada poderia ter submetido
A natureza a tal baixeza exceto suas más filhas.
(*Para Edgar*) É moda que pais descartados tivessem
Destarte pouca misericórdia em sua carne?
Punição sensata: foi esta carne que engendrou
Aquelas filhas sanguessugas.

EDGAR
O Pelicano pousou no monte pubiano; olá, olá, lá, lá.

BOBO
Esta noite fria nos fará todos tolos e loucos.

---

[11] Parece que Tom está atacando seu demônio imaginário, ou sendo atacado por piolhos.

EDGAR
Ouve o fétido demônio; obedece a teus pais; mantém justamente tuas palavras; não praguejes; não cometas adultério com a esposa de outro homem; não vistas teu doce coração com belas roupas. Tom está com frio.

LEAR
O que tens sido?

EDGAR
Fui um criado, orgulhoso de coração e mente, que encrespava o cabelo, usava luvas em meu chapéu como afeição à minha patroa, servi à luxúria do coração de minha patroa e pratiquei o ato noturno com ela; fiz tantos juramentos quanto as palavras que emiti, e os quebrei no doce rosto do céu; um que dormiu planejando a luxúria, e acordou para praticá-la. Amei vinho profundamente, me deleitei nos dados, e em número de mulher ultrapassei o Sultão. Falso de coração, atento de ouvido, sangrento na mão; porco na preguiça, raposa no furto, lobo na gula, cão na loucura, leão na crueldade. Não deixes o ranger dos calçados nem o farfalhar das sedas traírem teu pobre coração por uma mulher. Mantém teu pé fora dos bordéis, tua mão fora de fendas nos vestidos, tua escrita fora dos livros dos credores, e enfrenta o fétido demônio. Ainda pelo espinheiro sopra o vento frio, diz *suum, mun, nonny*. Delfim, meu garoto! Garoto, cessa; que ele passe a trote.[12]

Tempestade continua

LEAR
Estarias melhor num túmulo do que confrontando com teu corpo descoberto esta extremidade dos céus. O homem não é mais que isso? Considere-o bem. (*Para Edgar*) Tu não deves seda ao verme,

---

[12] Talvez esteja falando com um cavalo imaginário, ou o Delfim, o príncipe da França (de 1349 a 1830, o termo Delfim foi usado para designar o herdeiro do trono).

nem couro à fera, nem lã à ovelha, nem perfume ao gato.[13] Ah, aqui há três[14] que são mais sofisticados; tu és a própria coisa. Um homem desajustado não é nada mais do que um animal pobre, nu, bifurcado como tu és. Fora, fora, empréstimos! Vamos desabotoar isso aqui.
Rasgando suas roupas

BOBO
Por favor, meu tio, contenta-te. É uma noite imprópria para nadar. Agora uma fogueirinha num amplo campo seria como o coração de um velho libertino — uma faisquinha, todo o resto de seu corpo frio. Olha, aí vem uma fogueira ambulante.
Entra o Conde de Gloucester com uma tocha

EDGAR
Este é o fétido demônio Flibbertigibbet.[15] Ele começa no toque de recolher e caminha até o primeiro galo cantar.[16] Ele te dá catarata, estrabismo e lábio leporino; ele dá mofo em trigo branco e fere as pobres criaturas da terra.
[*Canta*]
    São Withold cruzou os planaltos três vezes,
      Confrontou a demônia dos pesadelos[17] e seus nove filhos,
        Disse pra ela desmontar do adormecido
      E jurar não fazer mal,
    E vai embora, bruxa, vai embora!

KENT (*para Lear*)
Como está vossa graça?

---

[13] *Civet cat*: civeta, que é um mamífero carnívoro da família dos viverrídeos (*Civettictis civetta*); tem pelagem negra manchada de branco e possui glândulas anais que produzem secreção oleosa conhecida como almíscar, usada em perfumaria; também conhecido como gato-almiscarado.
[14] Lear, Bobo e Kent.
[15] Um demônio do folclore elisabetano.
[16] Meia-noite.
[17] Seria uma referência a uma súcubo, *succubus*, demônio com aparência feminina que invade o sonho dos homens para sugar sua energia sexual (masculino: íncubo).

LEAR (*apontando para Gloucester*)
Quem é ele?

KENT (*para Gloucester*)
Quem está aí? O que buscas?

GLOUCESTER
Quem sois vós? Vossos nomes?

EDGAR
Pobre Tom, que come a rã nadadora, o sapo, o girino, a lagartixa e o lagarto; que na fúria de seu coração, quando o fétido demônio enfurece, come bosta de vaca como salada, engole o velho rato e a carcaça de cão, bebe a escuma verde da poça parada; que é chicoteado de paróquia em paróquia, e posto no tronco, punido e aprisionado; que teve três casacos para suas costas e seis camisas para seu corpo,
    Cavalo pra cavalgar e arma pra usar;
    Mas camundongos e ratos e pequenos gamos
    Têm sido o alimento de Tom por sete longos anos.
Cuidado, meu seguidor. Sossega, Smulkin; sossega, seu demônio!

GLOUCESTER (*para Lear*)
O quê, vossa graça não tem melhor companhia?

EDGAR
O Príncipe das Trevas é um cavalheiro.
Modo é chamado, e Mahu.[18]

GLOUCESTER (*para Lear*)
O sangue de nosso sangue ficou tão vil,
Meu senhor, que realmente odeia quem lhe engendrou.

---

[18] Como dito no próprio texto, Smulkin, Modo e Mahu são demônios.

EDGAR
Pobre Tom está com frio.

GLOUCESTER (*para Lear*)
Entrai comigo. Meu dever não pode permitir
Obedecer aos duros comandos de vossas filhas.
Embora seu mandado seja pra trancar minhas portas
E deixar esta noite tirana vos agarrar,
Porém, me arrisquei a vir buscar-vos
E levar-vos onde há fogueira e refeição prontas.

LEAR
Primeiro, deixa-me falar com este filósofo.
(*Para Edgar*) Qual é a causa do trovão?

KENT
Meu bom senhor, aceita a oferta dele; entra na casa.

LEAR
Vou trocar uma palavra com este instruído Tebano.
(*Para Edgar*) O que estudas?

EDGAR
Como evitar o demônio e repelir parasitas.

LEAR
Deixa-me perguntar-te algo em particular.
    Eles conversam à parte

KENT (*para Gloucester*)
Insiste com ele uma vez mais pra ir, meu senhor.
Sua argúcia começa a decair.

GLOUCESTER
                    Podes culpá-lo?
    Tempestade continua

Suas filhas buscam sua morte. Ah, esse bom Kent,[19]
Ele disse que seria assim, pobre homem banido!
Dizes que o Rei enlouquece; eu te direi, amigo,
Eu mesmo estou quase louco. Eu tinha um filho,
Agora deserdado; atentou contra minha vida
Há pouco, bem há pouco. Eu o amava, amigo;
Nenhum pai teve melhor filho. De verdade, digo,
A aflição enlouqueceu minha argúcia. Que noite é essa!
(*Para Lear*) Realmente peço vossa graça —

LEAR

                                        Oh, perdão, senhor!
(*Para Edgar*)
Nobre filósofo, quero tua companhia.

EDGAR
Tom está com frio.

GLOUCESTER
Entra, companheiro, lá na choça; fica aquecido.

LEAR
Vamos, entremos todos.

KENT

                                        Por aqui, meu senhor.

LEAR
Vou com ele! [*apontando para Edgar*]
Ficarei mais com meu filósofo.

KENT (*para Gloucester*)
Meu bom senhor, conforta-o; deixa-o levar o sujeito.

---

[19] Ele não reconhece Kent, que está disfarçado.

GLOUCESTER
Leva-o contigo.

KENT (*para Edgar*)
Senhor, vamos. Vem conosco.

LEAR (*para Edgar*)
Vem, bom Ateniense.

GLOUCESTER
Sem palavras, sem palavras. Silêncio.

EDGAR
Jovem Rolando à torre escura veio,
Seu lema era sempre 'Puff, fiih, pooh;
Sinto o cheiro de sangue de um britânico'.[20]   *Saem todos*

CENA V. CASTELO DE GLOUCESTER.

Entram o Duque de Cornualha e Edmundo

CORNUALHA
Terei minha vingança antes de partir desta casa.

EDMUNDO
Como, meu senhor, posso ser censurado, pois a natureza assim dá lugar à lealdade, algo me faz temer pensar nisso.

---

[20] Edgar, para produzir confusão e não ser reconhecido como Pobre Tom, mistura contos de fada: *Childe Rowland*, que conta a estória de quatro crianças que vão invadir a "torre escura" (um castelo), e *João e o Pé de Feijão*, em que o gigante do reino das nuvens canta uma trova para João quando ele rouba sua harpa: "Fee-fi-fo-fum, / I smell the blood of an Englishman, / Be he alive, or be he dead / I'll grind his bones to make my bread" (Dois versos no texto acima, e os outros aqui: "Esteja ele vivo, ou esteja ele morto / Moerei seus ossos pra fazer meu pão"); também poderia ser Jovem Rolando, Sobrinho de Carlos Magno, herói do épico francês *A Canção de Rolando* (séc. XI).

CORNUALHA
Agora percebo que não foi totalmente a má disposição em teu irmão que o fez buscar a morte [de teu pai], mas um mérito provocativo posto em funcionamento por uma maldade reprovável nele mesmo [no pai].

EDMUNDO
Quão má é minha sorte, que eu deva me arrepender de ser justo! Esta é a carta da qual ele falou, que o prova como um partidário inteligente em prol da França. Oh, céus, que esta traição não existisse, ou que não fosse eu o detector dela.

CORNUALHA
Vem comigo até à Duquesa.

EDMUNDO
Se o assunto deste papel for correto, tens negócio poderoso em mãos.

CORNUALHA
Verdadeiro ou falso, isto te tornou Conde de Gloucester. Busca onde teu pai está, que ele possa estar pronto para apreensão.

EDMUNDO [à parte]
Se eu encontrá-lo confortando o Rei, isso sustentará ainda mais a suspeita. (*Para Cornualha*) Persistirei em meu caminho de lealdade, embora o conflito seja dolorido entre isso e meu sangue.

CORNUALHA
Colocarei confiança em ti e encontrarás um pai mais querido em meu amor.

Saem

CENA VI. UM APOSENTO EM UMA CASA DE FAZENDA ANEXA AO CASTELO.

Entram Kent, disfarçado, e Gloucester

GLOUCESTER
Aqui é melhor do que ao ar livre; aceita agradecidamente. Estenderei o conforto como puder. Não demorarei.

KENT
Todo o poder de seu juízo cedeu à sua impaciência; que os deuses recompensem tua gentileza.[21]

Sai Gloucester
Entram Lear, o Bobo e Edgar, disfarçado como mendigo

EDGAR
Frateretto[22] me chama e me conta que Nero é um pescador no lago da escuridão. Reza, inocente, e cuidado com o fétido demônio.

BOBO
Por favor, meu tio, me diz se um louco é um fidalgo ou um plebeu.

LEAR
Um rei, um rei!

BOBO
Não, é um plebeu que tem um fidalgo como filho; pois só um plebeu louco torna seu filho um fidalgo antes dele mesmo.

---

[21] Comentário que se revelará irônico, já que os deuses vão recompensá-lo com a cegueira.
[22] Mais um demônio.

LEAR
Ter mil com rubros espetos ardentes
Pra avançar sibilando contra elas![23]

EDGAR
Benditas sejam tuas cinco faculdades.[24]

KENT (*para Lear*)
Oh, que pena! Senhor, onde está a paciência agora
Que com tanta frequência te gabavas de manter?

EDGAR [*à parte*]
Minhas lágrimas começam a tomar tanto seu lado
Que desfiguram minha simulação.

LEAR
Os cãezinhos todos,
Tray, Blanch e Sweetheart — vede, eles latem contra mim.[25]

EDGAR
Tom sairá à caça deles. — Fora, seus vira-latas!
Seja tua boca ou preta ou branca,
Dente que envenena se abocanha,
Mastim, galgo, mestiço soturno,
Cão de caça ou spaniel, cadela ou sabujo,
Cão de rabo curto ou enrolado,
Tom o fará gemer e chorar,
Pois ao sacudir minha cabeça deste modo,
Os cães pularam a escotilha e fugiram todos.
   Do, de, de, de. Cessai! Vinde, marchai para funerais e feiras e cidades-mercados.
   Pobre Tom, tua caneca está vazia.

---

[23] Lear devaneando sobre ter um exército de mil cavaleiros ou demônios para atacar suas filhas.
[24] Cinco faculdades (já mencionadas na cena IV): bom senso, imaginação, fantasia, juízo e memória.
[25] Lear começa a ter alucinações.

LEAR
Então que eles dissequem Regan; para ver o que gera seu coração. Existe alguma causa na natureza que produza esses corações duros? (*Para Edgar*) Tu, senhor, posso te manter como um dos meus cem, apenas não gosto da moda de teus trajes. Dirás que são persas; mas que sejam trocados.

KENT
Agora, meu bom senhor, deita aqui e descansa um pouco.

LEAR
Sem barulho, sem barulho. Puxa as cortinas.
Assim, assim. Cearemos de manhã.
  [*Ele dorme*]

BOBO
E eu me deitarei ao meio-dia.[26]
  Reentra Gloucester

GLOUCESTER (*para Kent*)
Vem cá, amigo. Onde está o Rei meu amo?

KENT
Aqui, senhor, mas não o perturbes; seu juízo se foi.

GLOUCESTER
Bom amigo, por favor, toma-o em teus braços.
Por acaso ouvi sobre uma trama de morte contra ele.
Há uma liteira pronta. Ponha-o dentro e dirige-te
Em direção a Dover, amigo, onde encontrarás
Tanto acolhida quanto proteção. Leva teu amo.
Se atrasares meia hora, a vida dele,
Com a tua e todas que se ofertarem pra defendê-lo

---

[26] Esta é a última fala do Bobo na peça.

Serão seguras perdas. Ergue, ergue,
E segue-me, que esse provimento
Dará a ti rápido transporte. Vem, vamos embora.
Saem [Kent carregando Lear em seus braços]

CENA VII. CASTELO DE GLOUCESTER.

*Entram Duque de Cornualha, Regan, Goneril,
Edmundo e Criados*

CORNUALHA (*para Goneril*)
Vai depressa ao meu senhor teu marido.
Mostra-lhe esta carta. O exército de França aportou.
(*Para os Criados*) Buscai o traidor Gloucester.
Saem alguns criados

REGAN
                    Enforcai-o prontamente.

GONERIL
Arrancai seus olhos.

CORNUALHA
                    Deixai-o ao meu desagrado.
Edmundo, faz companhia à minha cunhada.
As vinganças que vamos perpetrar contra teu pai traidor não são apropriadas pra tua vista. Avisa o Duque onde estás indo, a uma preparação muito apressada; nós vamos também. Nossos mensageiros serão rápidos e informativos entre nós. (*Para Goneril*) Adeus, querida cunhada. (*Para Edmundo*) Adeus, meu senhor de Gloucester.[27]

Entra Osvaldo, o mordomo
Olá, onde está o Rei?

---

[27] Edmundo ganha o título de Senhor de Gloucester (Ato 3, cena 5), mas o pai dele ainda é chamado por este título na fala seguinte.

OSVALDO
Meu senhor de Gloucester o transportou daqui.
Uns trinta e cinco ou trinta e seis de seus cavaleiros
O encontraram no portão, ferozmente perseguidos,
Que, com alguns outros dos criados do senhor,
Partiram com ele em direção a Dover, onde
Se gabam de ter amigos bem armados.

CORNUALHA
Prepara os cavalos pra tua senhora.
Sai Osvaldo

GONERIL
Adeus, doce senhor, e irmã.

CORNUALHA
Edmundo, adeus. *Saem Goneril e Edmundo*
(*Aos criados*) Buscai o traidor Gloucester.
Atai-o como um ladrão; trazei-o diante de nós.
Saem outros Criados
Embora não possamos sentenciá-lo à morte
Sem a formalidade da justiça, porém, nosso
Poder atenderá à nossa ira, que os homens
Podem culpar, mas não controlar.
Entram Gloucester e criados
Quem está aí — o traidor?

REGAN
Raposa ingrata, é ele.

CORNUALHA (*aos Criados*)
Amarrai bem seus braços murchos.

GLOUCESTER
O que vossas graças querem dizer? Meus bons amigos,
Considerem que são meus hóspedes. Não façam
Jogo sujo comigo, amigos.

CORNUALHA (*aos Criados*)
Amarrai-o, eu digo.

REGAN
                Apertado! Oh, traidor imundo!

GLOUCESTER
Dama impiedosa, você é, eu não sou.

CORNUALHA (*aos Criados*)
Amarrai-o a esta cadeira. (*Para Gloucester*) Vilão, verás —
   Regan puxa a barba de Gloucester

GLOUCESTER
Pelos bons deuses, é muito ignóbil
Puxar-me pela barba.

REGAN
Tão embranquecido, e tão traidor?

GLOUCESTER
Perversa dama,
Estes pelos que arrancas do meu queixo
Vão ganhar vida e te acusar. Sou vosso anfitrião.
Com mãos de ladrões meus favores hospitaleiros
Não devíeis eriçar. O que fareis?

CORNUALHA
Vamos, senhor, que cartas recebeu da França há pouco?

REGAN
Dá uma resposta simples, pois sabemos a verdade.

CORNUALHA
E que complô tem com os traidores
Recentemente desembarcados no reino?

REGAN
                              A cujas
Mãos enviou o Rei lunático. Fala.

GLOUCESTER
Tenho uma carta com suposições
Que veio de um de coração neutro,
E não de um opositor.

CORNUALHA
              Astuto.

REGAN
                         E falso.

CORNUALHA
Para onde enviaste o Rei?

GLOUCESTER
                              Pra Dover.

REGAN
Por que Dover? Não foste ordenado sob pena de —

CORNUALHA
Por que pra Dover? — Que ele responda isso.

GLOUCESTER
Estou atado à estaca, e devo manter o posto.

REGAN
Por que pra Dover?

GLOUCESTER
Porque eu não gostaria de ver tuas unhas cruéis
Arrancar seus pobres velhos olhos, nem tua feroz

Irmã em sua ungida carne espetar suínas presas.
O mar, com tal tormenta como sofreu sua cabeça
Em noite escura infernal, teria se elevado
E debelado os fogos estelares. Porém, pobre
Velho coração, ajudou os céus a chover.
Se lobos tivessem uivado em teu portão nesse grave
Tempo, terias dito 'Bom porteiro, gira a chave;
Todos os desalmados susterei'. Mas eu verei
A vingança alada sobrepujar tais filhas.

CORNUALHA
Nunca verás isso. — Homens, segurai a cadeira. —
Sobre teus olhos botarei meu pé.

GLOUCESTER
Aquele que pensa viver até a velhice
Dá-me alguma ajuda! — Oh cruel! Oh, vós deuses!
     [*Cornualha arranca um dos olhos de Gloucester e pisa nele*]

REGAN (*para Cornualha*)
Um lado zombará do outro; o outro também.
CORNUALHA (*para Gloucester*)
Se vires vingança —

CRIADO
                    Para tua mão, meu senhor.
Tenho te servido desde que era criança,
Mas nunca te prestei melhor serviço
Do que pedir-te agora pra parar.

REGAN
                    Que isso, cão!

CRIADO
Se de fato tivesses uma barba em teu queixo,
Eu a chacoalharia nesta querela. [*Para Cornualha*] O que pretendes?

CORNUALHA
Meu servo!

CRIADO
Não, então, vamos, e corra o risco na raiva.
　　Eles sacam as espadas e lutam

REGAN (*a um outro Criado*)
Dá-me tua espada. Um camponês se colocar assim!
[*Ela pega uma espada e corre para trás dele*]

CRIADO (*para Gloucester*)
Oh, fui assassinado. Meu senhor, ainda tens
Um olho pra veres maldade nele.
[*Regan dá-lhe outra estocada*]
　　　　　　　　　　　　Oh!　　　*Ele morre*

CORNUALHA
Pra não ver mais, evita-o. Fora, vil gelatina.
　　Ele arranca o outro olho de Gloucester
Onde está teu lustro agora?

GLOUCESTER
Tudo escuro e sem conforto. Onde está meu filho Edmundo?
Edmundo, acende todas as fagulhas
Da natureza para vingar este horrendo ato.

REGAN
Fora, vilão farsante!
Chamas àquele que te odeia. Foi ele
Que abriu tuas traições a nós,
Que é bom demais pra ter pena de ti.

GLOUCESTER
Oh minha insânia! Então Edgar foi ultrajado.
Bons deuses, perdoai-me isso, e boa sorte a ele!

REGAN (*aos Criados*)
Empurrai-o pra fora dos portões, que ele fareje
Seu caminho pra Dover.　　*Sai um ou mais com Gloucester*
　　Como estás, meu senhor? Como te sentes?

CORNUALHA
Recebi um ferimento. Segue-me, senhora.
(*Aos Criados*) Jogai fora esse vilão sem olhos. Lançai esse escravo
Na esterqueira. Regan, eu sangro bastante.
Foi inoportuno este ferimento. Dá-me teu braço.
　　　　　　　　　　　　　　　　Saem [*com o corpo*]

ATO IV

CENA I. A CHARNECA.

Entra Edgar como um mendigo de Bedlam

EDGAR
Porém, melhor assim, e saber que é desprezado
Do que ser desprezado e elogiado. Ser a pior
Coisa, a mais baixa e a mais tristonha da fortuna
Ainda dá esperança, não vive no medo.
A mudança lamentável é do melhor [pra pior];
O pior retorna ao riso. Bem-vindo, então,
Ar insubstancial que eu abraço.
O infeliz que tu sopraste ao pior
Nada deve às tuas rajadas.
  Entra o Conde de Gloucester conduzido por um Velho
         Mas quem vem aqui?
Meu pai, mal conduzido? Mundo, mundo, oh mundo!
Que tuas estranhas mutações nos fazem odiar-te,
A vida não se renderia à velhice.
 [*Edgar fica de lado*]

VELHO (*a Gloucester*)
         Oh meu bom
Senhor, tenho sido seu rendeiro e de seu pai
Nestes oitenta anos.

GLOUCESTER
Fora, vai embora, bom amigo, parte.
Teu consolo não pode me fazer nenhum bem; eles
Podem ferir-te.

VELHO
            Não consegue ver seu caminho.

GLOUCESTER
Não tenho caminho, e, portanto, não preciso de olhos.
Tropecei quando enxergava. Frequentemente vemos
Que nossos meios nos garantem, e nossos meros
Defeitos se mostram nossos bens. Oh caro filho Edgar,
Alimento da ira de teu enganado pai —
Pudera eu viver apenas pra ter-te ao meu alcance,
Eu diria que tivera olhos de novo.

VELHO
Quem é? Quem está aí?

EDGAR (*à parte*)
Oh, deuses! Quem pode dizer 'Estou o pior possível'?
Estou pior do que jamais estive.

VELHO (*para Gloucester*)
                      É o pobre Tom louco.

EDGAR (*à parte*)
E pior ainda posso ficar. O pior não é
Enquanto podemos dizer 'Isto é o pior possível'.

VELHO (*para Edgar*)
Companheiro, onde vais?

GLOUCESTER
É um mendigo?

VELHO
Louco e mendigo também.

GLOUCESTER
Tem alguma razão, ou não poderia mendigar.
Na tormenta ontem à noite vi um sujeito assim,
Que me fez pensar que um homem é um verme. Meu filho
Veio então à minha mente e, no entanto, minha mente
Foi pouco amiga dele. Tenho ouvido mais agora.
Somos pros deuses como moscas pra meninos maus;
Eles nos matam por diversão.

EDGAR (à parte)
                    Como assim?
Mau é o ofício de bancar o tolo pra tristeza,
Ofendendo a si e a outros.
    [*Ele vem mais à frente*]
                    Bendito sejas, amo.

GLOUCESTER
É aquele sujeito nu?

VELHO
                    Sim, meu senhor.

GLOUCESTER (*ao Velho*)
Vai na frente. Pelo meu bem
Tu nos alcançarás uma milha ou duas adiante
A caminho de Dover, faz isso por antiga
Afeição, e traz algo pra cobrir esta alma nua,
A quem suplicarei pra ser meu guia.

VELHO
Ai de nós, senhor, ele é louco.

GLOUCESTER
É a praga deste tempo, quando loucos guiam os cegos.
Faz como te peço; ou fazes como quiseres.
Acima de tudo, vai embora.

VELHO
Eu lhe trarei o melhor traje que eu tiver,
Haja o que houver. *Sai*

GLOUCESTER
Senhorinho, sujeito nu!

EDGAR
Pobre Tom está com frio. *(À parte)* Não consigo fingir mais.

GLOUCESTER
Vem aqui, companheiro.

EDGAR *(à parte)*
    E, no entanto, eu devo.
(Para Gloucester) Benditos sejam teus doces olhos, eles sangram.

GLOUCESTER
Conheces o caminho para Dover?

EDGAR
Tanto porta quanto portão, trilha e atalho. Pobre Tom ficou morto de medo. Bendito sejas tu, filho de bom homem, afasta-te do fétido demônio.

GLOUCESTER
Aqui, toma esta bolsa, já que as pragas dos céus
Rebaixaram-te de todo modo. Que minha desgraça
Torne-te mais feliz. Os céus ainda fazem assim.
Que o homem supérfluo e luxurioso,
Que escraviza as ordens dos deuses, que nada verá

Porque nada sente, sinta vosso poder logo.
Assim, a distribuição desfaria o excesso,
E cada homem teria o bastante. Conheces Dover?

EDGAR
Sim, amo.

GLOUCESTER
Há um rochedo, cujo topo alto e pendente
Se inclina temerosamente sobre o fundo
Restrito. Leva-me à borda dele
E repararei a miséria de que padeces
Com algo valioso meu. Desse lugar em diante
Não precisarei de guia.

EDGAR
Dá-me teu braço.
Pobre Tom te guiará. *Sai Edgar guiando Gloucester*

CENA II. DIANTE DO PALÁCIO DE ALBÂNIA.

*Entram Goneril e Edmundo por uma porta e Osvaldo,
o mordomo, por outra*

GONERIL
Bem-vindo, meu senhor. Estranho que meu plácido esposo
Não nos encontrou a caminho. (*Para Osvaldo*) Agora, onde está teu amo?

OSVALDO
Dentro, senhora; mas nunca vi homem tão mudado.
Contei-lhe do exército que desembarcou;
Ele sorriu. Contei-lhe que estavas vindo;
Sua resposta foi 'Péssimo'. Da traição de Gloucester
E do leal serviço de seu filho,

Quando o informei, então me chamou de idiota,
E me disse que eu tinha invertido os lados.
O que ele mais devia desgostar parece agradá-lo;
O que ele mais devia gostar é ofensivo.

GONERIL(*para Edmundo*)
Então não irás adiante.
É o terror covarde de seu espírito
Que não ousa empreender. Ele não sentirá injúrias
Que o liguem a uma desforra. Nossos desejos no caminho
Podem se realizar. Volta, Edmundo, ao meu cunhado.[1]
Reúne suas tropas e conduz suas forças.
Devo trocar os nomes em casa e entregar a roca
Nas mãos de meu marido. Este criado confiável
Será nosso elo. Sem demora é provável que ouças,
Se ousares arriscar em teu próprio interesse,
O comando de uma senhora. Usa isto. Poupa conversa.
Inclina tua cabeça. Este beijo, se ousasse
Falar, levantaria teu ânimo no ar.
    [*Ela o beija*]
Entende-me, e adeus.

EDMUND
Teu até a morte.

GONERIL
Meu mais querido Gloucester.[2]   *Sai Edmundo*
Oh, a diferença entre homem e homem!
A ti os favores de uma mulher são devidos;
Meu bobo usurpa meu corpo.

OSVALDO
Senhora, aqui vem meu senhor.
    Entra o Duque de Albânia

---

[1] Ela não sabe ainda que o Duque de Cornualha está morto.
[2] Edmundo foi feito Conde de Gloucester na cena V do Ato III.

GONERIL
Tenho sido digna desse chamado.

ALBÂNIA
                    Oh Goneril,
Não és digna da poeira que o rude vento
Sopra em teu rosto.

GONERIL
              Pusilânime,
Pois dás a face a golpes, e ouvidos a injúrias;
E não tens em tua fronte um olho pra discernir
Tua honra de teu sofrimento —

ALBÂNIA
                    Vê-te, satanás.
A deformidade não aparece num demônio
Tão horrenda quanto em uma mulher.

GONERIL
                    Oh tolo fútil!

Entra um Mensageiro

MENSAGEIRO
Oh, meu bom senhor, o Duque de Cornualha está morto,
Assassinado pelo criado quando ia arrancar
O outro olho de Gloucester.

ALBÂNIA
                Os olhos de Gloucester?

MENSAGEIRO
Um criado que ele criou, cheio de remorso,
Opôs-se ao ato, girando sua espada
Contra o grande amo,[3] que por isso enraivecido

---

[3] O criado de Gloucester atacou Cornualha, que revidou.

Voou sobre ele, e o golpeou, matando-o,
Mas não sem aquele golpe danoso que mais tarde
O levou à morte.

ALBÂNIA
                Isto mostra que estais acima,
Vós, justiceiros, que estes nossos crimes inferiores
Tão depressa podeis vingar. Mas, Oh, pobre Gloucester!
Ele perdeu seu outro olho?

MENSAGEIRO
                Ambos, ambos, meu senhor. —
Esta carta, senhora, anseia uma rápida resposta.
É de tua irmã.

GONERIL (*à parte*)
De um modo gosto muito disto;
Mas sendo viúva, e meu Gloucester[4] com ela,
Toda essa construção de minha fantasia pode
Desabar sobre minha vida odiosa. De outro modo,
A notícia não é tão má. — Lerei e responderei.
                            [*Sai com Osvaldo*]

ALBÂNIA
Onde estava seu filho quando tiraram seus olhos?

MENSAGEIRO
Vindo aqui com minha senhora.

ALBÂNIA
                Ele não está aqui.

---

[4] De novo, este Gloucester é Edmundo, a quem ela deseja, ao mesmo tempo em que suspeita que a irmã viúva possa desejá-lo também e destruir assim seus sonhos.

MENSAGEIRO
Não, meu bom senhor; eu o encontrei voltando.

ALBÂNIA
Sabe ele da perversidade?

MENSAGEIRO
Sim, meu bom senhor; ele que informou sobre o pai,
E deixou a casa pra que a punição
Pudesse ter um curso mais livre.

ALBÂNIA
                    Gloucester, eu vivo
Pra agradecer-te pelo amor que mostraste ao Rei,
E pra vingar teus olhos. — Vem aqui, amigo.
Conta-me mais sobre o que sabes.   *Saem*

CENA III. O ACAMPAMENTO FRANCÊS PERTO DE DOVER.

*Entram com tambor e bandeiras Rainha Cordélia,
Cavalheiros e soldados*

CORDÉLIA
Ai de nós, é ele! Ora, ele foi encontrado há pouco
Tão louco quanto o mar revolto, cantando alto,
Coroado com profusa fumária e ervas daninhas,
Com bardanas, cicuta, urtigas, cardamina,
Joio e todas as ervas ociosas que brotam
Em nossos campos de milho. Enviai uma sentinela.
Perscrutai todo acre de terra no campo alto
E trazei-o à nossa vista.   *[Sai um ou mais]*
                    O que o saber humano
Puder pra restaurar seu senso perdido,
Quem o ajudar terá tudo de valor meu.

CAVALHEIRO
Há meios, senhora.
Nosso enfermeiro de criação da natureza é o
Repouso, que lhe falta. Pra provocar isso nele
Há muitas ervas medicinais, cujo poder
Fechará o olho de sua angústia.

CORDÉLIA
                       Todos benditos
Segredos, todas vós virtudes secretas da terra,
Brotai com minhas lágrimas, sede úteis e sanai
A aflição do bom homem! — buscai, buscai-o,
Para que sua fúria desgovernada não dissolva
A vida que carece de meios de vivê-la.
    Entra um Mensageiro

MENSAGEIRO
Notícias, senhora.
As forças britânicas estão marchando pra cá.

CORDÉLIA
Isso era sabido antes; nossa preparação se
Posta à espera delas. — Oh, caro pai,
É teu assunto que vou resolver;
Por isso, o grande Rei de França apiedou-se
De meu lamento e pranto perturbado.
Nenhuma ambição desmedida incita nossos braços,
Mas amor, caro amor, e o direito de nosso pai
Alquebrado. Que em breve eu possa ouvi-lo e vê-lo.   *Saem*

CENA IV. CASTELO DE GLOUCESTER.

Entram Regan e Osvaldo, o mordomo

REGAN
Mas as forças de meu cunhado estão postadas?

OSVALDO
Sim, senhora.

REGAN
Ele está lá em pessoa?

OSVALDO
                      Senhora, com muito
Trabalho. Tua irmã é melhor soldado.

REGAN
Senhor Edmundo não falou com teu senhor em casa?

OSVALDO
Não, senhora.

REGAN
O que expressariam as cartas de minha irmã pra ele?

OSVALDO
Não sei, senhora.

REGAN
Creio que ele apressou-se, portanto, em assunto sério.
Foi grande ignorância, com Gloucester sem os olhos,
Deixá-lo viver. Onde chega, ele comove
Todos os corações contra nós. Edmundo, eu acho,
Partiu, com pena de sua miséria, pra despachar
Sua vida obscurecida, além disso, pra averiguar
A força do inimigo.

OSVALDO
Preciso ir atrás dele, senhora, com minha carta.

REGAN
Nossas tropas partem amanhã. Fica conosco.
As trilhas são perigosas.

OSVALDO
                    Senhora, não posso.
Minha senhora me incumbiu de deveres neste assunto.

REGAN
Por que ela escreveria a Edmundo? Não poderias
Transportar seus propósitos oralmente? Talvez —
Algumas coisas — não sei o quê. Amar-te-ei muito:
Deixa-me abrir a carta.

OSVALDO
                    Senhora, prefiro —

REGAN
Eu sei que tua senhora não ama seu marido.
Tenho certeza disso, e em sua última estada aqui
Ela deu estranhas miradas e olhares enfáticos
Ao nobre Edmundo. Sei que és íntimo dela.

OSVALDO
Eu, senhora?

REGAN
Falo do que entendo. És sim, eu sei.
Por isso, realmente te aconselho a observar.
Meu senhor está morto. Edmundo e eu conversamos,
E ele é mais conveniente pra mim
Do que pra tua senhora. Podes tirar conclusões.
Se realmente o encontrares, por favor, dá-lhe isto,[5]
E quando tua senhora ouvir isso de ti,
Peço que lhe exija que use sua sabedoria.
Assim, adeus. Se tiveres
A chance de ouvir sobre aquele cego traidor,
Recompensa recai sobre aquele que o abater.

---

[5] Ela entrega a ele algum objeto pessoal ou uma carta.

OSVALDO
Tomara que eu o encontrasse, senhora. Eu mostraria
Que lado eu realmente sigo.

REGAN
    Adeus.
      Saem em direções opostas

   CENA V. CAMPOS PERTO DE DOVER.

Entra Edgar, disfarçado como camponês, com um cajado,
guiando o cego Gloucester

GLOUCESTER
Quando chegarei ao topo desse penhasco?

EDGAR
De fato está subindo-o/subindo por ele agora. Olha nosso esforço.

GLOUCESTER
Parece-me que o chão é plano.

EDGAR
      Horrivelmente íngreme.
Escuta, ouve o mar?

GLOUCESTER
    Na verdade, não.

EDGAR
Ora, então seus outros sentidos ficam imperfeitos
Pela aflição de seus olhos.

GLOUCESTER
                    Pode ser assim, de fato.
Parece-me que tua voz[6] está alterada e falas
Em melhor frase e assunto do que antes.

EDGAR
Está muito enganado. Em nada estou mudado,
Exceto em meus trajes.

GLOUCESTER
                    Parece que falas melhor.

EDGAR
Vamos, senhor, aqui está o lugar. Fica parado.
Temível e tonteante é lançar os olhos tão baixo!
Os corvos e gralhas que voam a meio caminho no ar
Mal parecem besouros. Na metade da descida
Tem um coletando salicórnia,[7] ofício medonho.
Ele não parece maior que sua cabeça.
Os pescadores que caminham pela praia
Parecem camundongos, e aquela barca ancorada
Reduzida ao tamanho de um bote, e o bote uma boia
Quase pequena demais pra ser vista. A murmurante
Vaga que roça nos inúmeros seixos ociosos
Não pode ser ouvida tão alto. Não olharei
Mais, pra que meu cérebro não gire e com a vista
Deficiente eu caia de cabeça.

GLOUCESTER
Coloca-me onde estás.

---

[6] Edgar se esqueceu de manter o sotaque (além de ter passado a falar em versos) do personagem Pobre Tom, que estava guiando Gloucester.
[7] Também conhecida como funcho-marítimo ou perrexil do mar, é uma erva carnuda medicinal e comestível.

EDGAR
Dá-me sua mão. Está agora a um pé
Da borda extrema. Por tudo que há sob a lua
Eu não pularia daqui.

GLOUCESTER
                Solta minha mão.
Eis aqui, amigo, uma outra bolsa; nela uma joia
Digna de ser levada por um homem pobre. Que fadas
E deuses a façam prosperar contigo! Vai mais
Pra longe. Dá-me adeus e deixa-me ouvir-te indo embora.

EDGAR
Agora adeus, bom senhor.
    Ele fica à parte

GLOUCESTER
                Com todo o meu coração.

EDGAR (*à parte*)
Por que eu brinco assim mesmo com seu desespero,
É com o intuito de curá-lo.

GLOUCESTER (*ajoelhando-se*)
Oh, vós, deuses poderosos,
A este mundo de fato eu renuncio, e em vossas vistas
Livro-me pacientemente de minha grande aflição!
Se eu pudesse aguentá-la mais e não entrar
Em briga com vossas grandes vontades invencíveis,
Meu pavio e execrável natureza deveriam
 Apagar-se sozinhos. Se Edgar vive, Oh, abençoai-o! —
Agora, companheiro, adeus.

EDGAR
                Parti, senhor. Adeus.
    Gloucester cai para diante no chão

(À parte) Porém, não sei como a imaginação pode roubar
O tesouro da vida, quando a própria vida
Rende-se ao roubo. Estivesse ele onde pensava,
Com a queda, aquele pensamento teria morrido.
— Vivo ou morto? (*A Gloucester*) Oi, tu, senhor, amigo; ouves, senhor? Fala.
(À parte) Ele assim poderá ter morrido de fato.
Porém, revive. (*A Gloucester*) Quem és tu, senhor?

GLOUCESTER
Vai embora, e me deixa morrer.

EDGAR
Tivesses tu sido qualquer coisa exceto teia, penas, ar, tantas braças se precipitando,
Terias te espatifado como um ovo.[8] Mas respiras,
Tens substância sólida, não sangras, falas,
Estás são. O comprimento de dez mastros não perfaz
A altitude que caíste perpendicularmente.
Tua vida é um milagre. Fala algo de novo.

GLOUCESTER
Mas eu caí, ou não?

EDGAR
Do temível topo deste alvo penhasco. Olha pra
Cima. A cotovia de estridente voz até agora
Não pode ser vista ou ouvida. Só olha pra cima.

GLOUCESTER
Ai de mim, não tenho olhos.
A desgraça é privada do benefício de

---

[8] Edgar agora já finge ser alguém que está no fundo do penhasco e viu a queda de Gloucester.

Findar-se pela morte? Havia algum conforto quando
A miséria podia burlar a fúria do tirano
E frustrar sua orgulhosa vontade.

EDGAR
                        Dá-me seu braço.
Levante, assim. Como está? Sente as pernas? Está em pé.

GLOUCESTER
Bem, bem demais.

EDGAR
Isto está acima de toda estranheza.
Sobre a crista do penhasco, que coisa foi aquela
Que se afastou de ti?

GLOUCESTER
                    Um pobre mendigo infeliz.

EDGAR
Daqui de baixo, seus olhos pareciam
Duas luas cheias. Ele tinha mil narizes,
Chifres torcidos e ondulados como o mar revolto.
Era algum demônio. Por isso, tu, pai feliz,[9]
Pensa que os deuses mais sagrados, que se honram
Com as impossibilidades dos homens, preservaram-te.

GLOUCESTER
De fato lembro agora. Doravante, aguentarei
A aflição até que ela grite por si mesma
'Basta, basta,' e morra. Essa coisa da qual falas,
Achei que fosse um homem. Com frequência ele dizia
'O demônio, o demônio!' Ele que me levou lá.

---

[9] Ele refere-se ao pai aqui de maneira formal, com o mesmo tom com que diria "senhor". Ele só se revelará no final da peça.

EDGAR
Tenha pensamentos tranquilos e pacientes.
Entra Lear, louco [coroado com ervas daninhas e flores]
Mas quem está vindo?
O senso mais são nunca trajará
Seu amo assim.

LEAR
Não, não podem me prender por cunhar moedas. Eu sou o Rei em pessoa.

EDGAR
Oh que visão desoladora!

LEAR
A natureza está acima da arte a esse respeito. Eis vosso soldo. Aquele sujeito manuseia seu arco como um espantador de corvos. Puxa a flecha como um alfaiate medindo tecido. Olha, olha, um camundongo! Silêncio, silêncio, este pedaço de queijo torrado resolverá. Eis aí meu desafio. Enfrentarei até um gigante. Trazei os soldados com os machados de guerra. Oh, o voo foi certeiro, na mosca, na mosca! Ffuu! Dá a senha.[10]

EDGAR
Manjerona-doce.

LEAR
Passa.

GLOUCESTER
Eu conheço essa voz.

---

[10] O rei enuncia frases incongruentes; ele acha que ainda há soldados a seu serviço, daí as ordens a supostos serviçais. A fala de Edgar, em resposta a ele, manjerona-doce, indica uma erva que supostamente cura insanidade.

LEAR
Ha! Goneril com uma barba branca? Eles me bajularam como cães, e me disseram que eu tinha pelos brancos[11] em minha barba antes que tivesse pelos pretos. Dizer 'sim' e 'não' a tudo que eu dizia 'sim' e 'não' não foi bom juramento. Quando a chuva veio molhar-me uma vez, e o vento fazer-me ranger os dentes; quando o trovão não sossegaria à minha súplica, aí os desvelei, aí os farejei. Eu digo, eles não são homens de palavra. Eles me disseram que eu era tudo; é uma mentira, não sou à prova de febres e calafrios.

GLOUCESTER
O timbre dessa voz eu lembro muito bem.
Não é o Rei?

LEAR
             Sim, rei em cada polegada.
[*Gloucester se ajoelha*]
Quando eu de fato miro, vê como o réu treme!
Eu perdoo esse homem. Qual foi teu crime?
Adultério? Não morrerás. Morrer por adultério!
Não, a garrincha faz isso, e a mosquinha dourada
Procria à minha vista. Que a cópula viceje,
Pois o filho bastardo de Gloucester
Foi mais gentil com seu pai do que minhas filhas, geradas
Em lícitos lençóis. Vamos, luxúria, confusão,
Careço de soldados. Olha aquela dama esquiva,
Cujo rosto prevê neve em sua forqueta,
Que finge virtude e de fato balança a cabeça[12]
Ao ouvir o nome do prazer.
Nem a doninha nem o cavalo solto praticam
Com apetite mais devasso. Da cintura pra baixo

---

[11] Primeiro, ele compara Gloucester com Goneril de barba; depois, fala da bajulação da corte a ele pela barba, que seria sinal de sabedoria, ao dizerem que ele era sábio antes da velhice.
[12] Negativamente.

São centauros, embora mulheres pra cima.
Até o cinto pertencem aos deuses;
Abaixo é tudo ao demônio. Há inferno, há escuridão,
Há a fossa cáustica, ardendo, escaldando, fedor,
Degradação. Que vergonha; pah, pah! Dá-me uma onça[13]
De perfume, bom farmacêutico, adocica minha
Imaginação. Há grana pra ti.

GLOUCESTER
Oh, deixa-me beijar essa mão!

LEAR
Que eu a limpe primeiro; ela cheira à mortalidade.

GLOUCESTER
Oh pedaço arruinado de natureza! Este grande
Mundo desgastar-se-á a nada. Tu me conheces?

LEAR
Lembro teus olhos muito bem. Olhas-me de través?
Não, faz teu pior, cego Cupido, eu não amarei.
Lê este desafio. Confere só a escrita dele.

GLOUCESTER
Fossem todas tuas letras sóis, eu não poderia vê-las.

EDGAR (*à parte*)
Eu não aceitaria um relato disto; é real,
E meu coração se parte com isso.

LEAR (*para Gloucester*)
Lê.

---

[13] Medida de peso que varia de 28,35 g a 30,59 g, dependendo do país (Grã--Bretanha, EUA, Canadá e França), que Lear pede do perfume da glândula de gato-almiscarado (o mesmo citado no Ato III, Cena IV).

GLOUCESTER
O quê — com a cavidade ocular?

LEAR
Oh, ho, está assim comigo? Sem olhos em sua cabeça, sem dinheiro em sua bolsa? Seus olhos são um caso pesado, sua bolsa está leve; porém, veja como anda este mundo.

GLOUCESTER
Eu o vejo pelo tato.

LEAR
O quê, estás louco? Um homem pode ver como este mundo anda sem olhos; olha com teus ouvidos. Vê como um juiz injuria a um simples ladrão. Ouve em teu ouvido: troca-os de lugar, e advinha, qual é o juiz, qual é o ladrão? Já viste um cão de fazendeiro latir para um mendigo?

GLOUCESTER
Sim, senhor.

LEAR
E a criatura foge do vira-lata, aí poderias contemplar a grande imagem de autoridade. Um cão obedecido em serviço.
Seu policial patife, retém tua mão sangrenta.
Por que açoitas a puta? Despe tuas próprias costas.
Ardentemente desejas usá-la no mesmo ato
Pelo qual a chicoteias. O usurário enforca o
Fraudador. Em roupas rasgadas grandes vícios mostram-se;
Roupões e peles tudo ocultam. Cobre pecado
Com ouro, e a forte lança da justiça quebra inócua;
Traja-o em farrapos, um dardo de pigmeu o perfura.
Ninguém ultraja, ninguém, ninguém. Eu os atestarei.
Pega isso de mim, meu amigo, que tenho o poder
De selar os lábios do acusador. Consegue olhos
De vidro, e, como um político indigno, aparenta

Ver as coisas que não vês. Agora, agora, agora,
Agora! Puxa minhas botas. Mais forte, mais forte! Isso.

EDGAR *(à parte)*
Oh, senso e insensatez mesclados —
Razão na insanidade!

LEAR
Se fores chorar minha sorte, toma meus olhos.
Conheço-te bastante bem: teu nome é Gloucester.
Deves ser paciente. Viemos chorando para cá.
Sabes que a primeira vez que sentimos o ar
Gememos e choramos. Pregarei a ti. Ouve.

GLOUCESTER
Ai de nós, pobre dia!

LEAR [*removendo sua coroa de ervas daninhas*]
Quando nascemos, choramos porque viemos
A este grande palco de tolos. Esse é um bom chapéu.[14]
Seria um estratagema delicado ferrar
Uma tropa de cavalos com feltro. Colocarei
Isso à prova, e quando tiver surpreendido esses genros,
Aí é matar, matar, matar, matar, matar, matar!
    Entram dois Cavalheiros

[PRIMEIRO] CAVALHEIRO
Oh, aqui está ele. Agarra-o. [*Para Lear*] Senhor,
Tua queridíssima filha —

LEAR
Sem socorro? O quê, um prisioneiro? Sou mesmo
O brinquedo da fortuna. Trata-me bem.

---

[14] *Block*: ele se refere ao próprio chapéu (de plantas) ou o de Edgar, já que o deste é de feltro, que ele menciona a seguir.

Terás resgate. Que eu tenha cirurgiões;
Estou cortado até o cérebro.

[PRIMEIRO] CAVALHEIRO
Terás o que quiseres.

LEAR
Sem apoiadores? Totalmente sozinho?
Ora, isto faria de um homem um homem de sal,
Usar seus olhos como cântaros de jardim.
Morrerei bravamente, como um noivo aprumado.
O quê, serei jovial. Vinde, vinde, sou um rei.
Amos, sabeis disso?

[PRIMEIRO] CAVALHEIRO
Sois da realeza, e vos obedecemos.

LEAR
Então há vida aqui. Vinde, e conseguis, conseguireis correndo.
Sa, sa, sa, sa!
Sai correndo [perseguido por um Cavalheiro]

[PRIMEIRO] CAVALHEIRO
Uma visão penosíssima até num vil miserável,
Nem pensar em um rei. Tens uma filha
Que redime a natureza da maldição geral
Que as duas trouxeram a ela.

EDGAR
Salve, gentil senhor.

[PRIMEIRO] CAVALHEIRO
Senhor, apressa-te. Qual é tua vontade?

EDGAR
Ouviste algo, senhor, de uma batalha iminente?

[PRIMEIRO] CAVALHEIRO
Com muita certeza e conhecimento, qualquer um
Que distinga sons deve ter ouvido isso.

EDGAR
Mas, por favor,
O quão próximo está o outro exército?

[PRIMEIRO] CAVALHEIRO
Próximo e com passo acelerado. O principal
Avistamento é previsto para uma hora.

EDGAR
Agradeço-te, senhor. Isso é tudo.

[PRIMEIRO] CAVALHEIRO
Embora a Rainha esteja aqui por causa especial,
Seu exército se moveu.

EDGAR
Agradeço-te, senhor. *Sai o Cavalheiro*

GLOUCESTER
Vós, sempre gentis, deuses, retirai o meu alento.
Não deixeis meu pior espírito tentar-me
De novo a morrer diante de vós, por favor.

EDGAR
Rezas bem, pai.[15]

GLOUCESTER
Agora, bom senhor, quem és tu?

---

[15] Embora o chame de pai, ainda não é como identificação filial, apenas como forma de tratamento, como se dissesse "senhor", como revela a pergunta de Gloucester a seguir.

EDGAR
Um homem pobríssimo, domado a golpes da fortuna,
Que, pela arte das tristezas sentidas e sabidas,
Estou impregnado da boa piedade. Dá-me
Tua mão, guiar-te-ei a algum abrigo.

GLOUCESTER [*levantando-se*]
Meus sinceros
Agradecimentos. A graça e a bênção do
Céu a ti mais e mais.
    Entra Osvaldo, o mordomo

OSVALDO
Um prêmio proclamado! O mais promissor! Essa tua
Cabeça sem olhos foi primeiramente encarnada
Pra elevar minha fortuna. Velho infeliz traidor,
Brevemente recorda-te. A espada que deve
Destruir-te está aqui.

GLOUCESTER
                Agora deixa tua mão amiga
Usar força bastante.[16]

OSVALDO (*a Edgar*)
Por que, audaz camponês,
Apoias um traidor conhecido? Logo,
Para que a infecção de sua sorte não
Tome a ti, solta o braço dele.

EDGAR
Não zoltarei, zenhor, zem uma razão abrobriada.[17]

---

[16] Gloucester deseja morrer, por isso apoia a atitude de Osvaldo.

[17] Edgar passa a falar com um sotaque estranho, modificando o som das palavras ["Não soltarei, senhor, sem uma razão apropriada."]. Nos trechos seguintes, basicamente troco T, S e Ç por Z para adaptar o texto a isso (teus > zeus; senhor > zenhor; cabeça > cabeza).

OSVALDO
Solta, escravo, ou morres.

EDGAR
Bom cavalheiro, segue teu caminho, e deixa a zente pobre em paz. Ze eu tivesse zido amedrontado por pessoas como tu, eu teria morrido quinz diaz atrás. Não, não chegues perto do velho. Te afasta, eu aviso, ou vou testar se tua cabeça ou meu bastão é o mais duro, serei claro contigo.

OSVALDO
Fora, seu monte de merda!

EDGAR
Vou quebrar zeus dentes, zenhor, não importa as eztocadas de zua espada.
[*Edgar o derruba*]

OSVALDO
Escravo, me assassinaste. Vilão, pega minha bolsa.
Se prosseguires, enterra meu corpo,
E entrega as cartas que encontrares comigo
A Edmundo, o Conde de Gloucester. Busca-o
No acampamento inglês. Oh, morte prematura! Morte!
Ele morre

EDGAR
Conheço-te bem — um vilão cioso,
Tão submisso aos vícios de tua senhora
Quanto a maldade desejaria.

GLOUCESTER
O quê, ele está morto?

EDGAR
Senta-te, pai.[18] Repousa.
Gloucester senta-se
Vamos ver esses bolsos. As cartas que ele menciona
Podem ser minhas amigas. Ele está morto; somente
Estou triste que ele não teve outro algoz. Vamos ver.
Saí, gentil selo, e bons modos; não nos culpeis.
Pra conhecer as mentes de nossos inimigos,
Rompemos seus corações; seus papéis são mais lícitos.
Ele lê a carta
'Que nossas juras recíprocas sejam lembradas. Tens muitas oportunidades de matá-lo.[19] Se tua vontade não faltar, tempo e lugar serão proficuamente oferecidos. Não há nada feito se ele retorna como conquistador; então sou eu a prisioneira, e sua cama minha cadeia, desse calor odiado me livra, e faz dessa cama lugar para teu labor.
Tua — esposa, assim eu diria, — carinhosa
Criada, e para ti ela própria como ventura,
                    Goneril'
Oh espaço indistinto da vontade da mulher —
Um complô sobre a vida do virtuoso marido,
E a troca por meu irmão! — Aqui nas areias
Eu te enterrarei, ímpio mensageiro
De devassos assassinos, e no tempo correto
Com este papel desgraçado devastarei a vista
Do Duque tramado de morte. Pra ele está
Bem que de tua morte e assunto eu possa contar.
                    [*Sai com o corpo*]

GLOUCESTER
O Rei está louco. Quão rígido é meu vil senso,
Que eu me erga e tenha brilhante sentimento
De minhas enormes dores. Melhor que eu fosse demente,

---

[18] Ainda não é a revelação, somente um termo de respeito.
[19] Duque de Albânia, seu marido.

E meus pensamentos separados de meu pesar,
   Tambor tocando ao longe
E as aflições, por fantasias errôneas, perderiam
O conhecimento de si mesmas.
   [*Entra Edgar*]

EDGAR
                         Dá-me tua mão.
Ao longe parece que ouço o tambor batido.
Vem, pai, eu te deixarei com um amigo.

                     Sai Edgar guiando Gloucester

CENA VI. UMA BARRACA NO ACAMPAMENTO FRANCÊS PERTO DE DOVER. LEAR DORMINDO NUMA CAMA.

   Entram Rainha Cordélia, Kent, disfarçado, e o
                [*Primeiro*] *Cavalheiro*

CORDÉLIA
Oh, bom Kent, como viverei e trabalharei
Pra igualar tua bondade? Minha vida será
Curta demais e todo esforço falho.

KENT
Ser reconhecido, senhora, já é o bastante.
Todos os meus relatos dão a modesta verdade,
Nem mais, nem menos, mas assim.

CORDÉLIA
                       Traja-te melhor.
Esses farrapos são memórias de piores horas.
Por favor, despe-os.

KENT
             Perdoa-me, cara senhora,
Porém, ser revelado encurta meu intento.
Meu pedido faço que tu não me conheças
Até a hora que eu achar conveniente.

CORDÉLIA
Então que assim seja, meu bom senhor. —
Como está o Rei?

[PRIMEIRO] CAVALHEIRO
Senhora, ele ainda dorme.

CORDÉLIA
                    Oh, gentis deuses,
Curai esta grande ferida em sua sofrida
Natureza; Oh afinai os sentidos desafinados
E destoantes deste pai alterado por filhos!

[PRIMEIRO] CAVALHEIRO
Então, por favor, vossa majestade,
Podemos despertar o Rei? Ele dormiu bastante.

CORDÉLIA
Que teu conhecimento te governe, e procede
Segundo tua vontade. Ele está trajado?

[PRIMEIRO] CAVALHEIRO
Sim, senhora. Em seu sono pesado
Vestimos roupas novas nele.
      Entra Lear adormecido, em uma cadeira carregada por criados
Fica por perto, boa senhora, quando o despertarmos.
Não duvido de sua sanidade.

CORDÉLIA
Oh meu querido pai, que a recuperação ponha
Teu remédio em meus lábios, e que este beijo
Repare os danos violentos que minhas duas irmãs
Fizeram em vossa reverência.

KENT
                    Princesa querida!

CORDÉLIA
Se não tivesses sido seu pai, estes alvos flocos
Teriam provocado pena nelas. Era este um rosto
A ser oposto contra os ventos beligerantes?
Um cão de inimigo ficaria, mesmo me mordendo,
Junto ao meu fogo nessa noite. E querias, pobre pai,
Abrigar-te com suínos e enjeitados canalhas
Na palha pouca e mofada? Ai de nós, ai de nós,
É de admirar que tua vida e juízo não tivessem
Findado tudo junto! (*Ao Cavalheiro*) Ele desperta. Fala-lhe.

[PRMEIRO] CAVALHEIRO
Senhora, por favor; é o mais apropriado.

CORDÉLIA (*a Lear*)
Como vai, meu real senhor? Como está, majestade?

LEAR
Tu me fazes mal em me tirar do túmulo.
És uma alma em êxtase, mas estou atado
A uma roda de fogo, e minhas próprias lágrimas
Escaldam como chumbo derretido.

CORDÉLIA
Senhor, me conhece?

LEAR
Tu és um espírito, eu sei. Onde morreste?

CORDÉLIA (*ao Cavalheiro*)
Ainda, ainda muito fora de si!

[PRIMEIRO] CAVALHEIRO
Ele mal despertou. Deixa-o em paz por um momento.

LEAR
Onde estive? Onde estou? Alva luz do dia?
Estou fortemente confuso. Eu até morreria
De pena ao ver um outro assim. Não sei o que dizer.
Não jurarei que estas são minhas mãos. Vamos ver:
Sinto que este alfinete espeta. Gostaria que fosse
Assegurado de minha condição.

CORDÉLIA (*ajoelhando-se*)
Oh olha pra mim, senhor,
E põe tuas mãos em bendição sobre mim.
Não deves ajoelhar-te.

LEAR
                  Por favor, não zomba.
Sou um velho muito tolo, crédulo,
De oitenta anos e contando, nem uma hora
Mais nem menos; e pra falar francamente,
Temo que não esteja com a mente perfeita.
Parece-me que eu devia conhecer-te e a este homem [*aponta
para Kent*];
Porém, estou em dúvida, pois mormente ignoro
Que lugar é este; e toda a habilidade que tenho
Não me faz recordar estes trajes; nem sei
Onde me alojei noite passada. Não rias de mim,
Pois como sou um homem, acho que esta dama
É minha filha, Cordélia.

CORDÉLIA
                  E assim eu sou, eu sou.

LEAR
Tuas lágrimas são úmidas? Sim, claro. Por favor,
Não chora. Se tiveres veneno pra mim,
Eu o beberei. Sei que não me amas; pois tuas irmãs
Têm, como bem me lembro, feito mal a mim. Tu tens
Alguma razão; elas, não.

CORDÉLIA
          Sem razão, sem razão.

LEAR
Estou na França?

KENT
Em vosso próprio reino, senhor.

LEAR
Não me enganes.

[PRIMEIRO] CAVALHEIRO
Fica tranquila, boa senhora. A grande fúria,
Como vês, está morta nele. Pede-lhe que entre.
Não o perturbes mais até que se acalme.

CORDÉLIA (*para Lear*)
Agradaria a vossa alteza caminhar?

LEAR
Deves me suportar. Agora, por favor, esquece
E perdoa. Estou velho e tolo.   *Saem*

ATO V

CENA I. O ACAMPAMENTO BRITÂNICO, PERTO DE DOVER.

Entram, com tambor e bandeira, Edmundo, Regan,
Cavalheiros e Soldados

EDMUNDO
Sabei do Duque se mantém seu último intento,
Ou se, já que não é convencido por nada,
Mudou seu curso. Ele é cheio de alteração
E autorreprovação. Trazei sua decisão final.   *Sai um ou mais*

REGAN
O mordomo de minha irmã por certo fracassou.

EDMUNDO
É de se temer, senhora.

REGAN
                    Agora, amável senhor,
Conheces a bondade que tenciono a ti.
Conta-me de verdade — mas diz a verdade mesmo —
Não amas minha irmã?

EDMUNDO
                    Com honrado amor.

REGAN
Mas nunca encontraste o caminho do meu cunhado
Ao lugar proibido?

EDMUNDO
                Não, por minha honra, senhora.

REGAN
Eu nunca a suportarei. Meu caro senhor,
Não fica íntimo dela.

EDMUNDO
Não temas isso.
Ela e o Duque, seu marido —
   Entram, com tambor e bandeira, o Duque de Albânia, Goneril e Soldados

ALBÂNIA *(à Regan)*
Nossa amada cunhada, que bom nos encontrarmos.
(Para Edmundo) Senhor, isto eu ouvi: o Rei veio à sua filha,
Com outros que reclamaram do rigor
De nosso estado.

REGAN
          Por que isto está sendo discutido?

GONERIL
Conjugai forças contra o inimigo;
Que essas disputas domésticas e privadas
Não são o problema aqui.

ALBÂNIA
Vamos então determinar com o comando de guerra
Sobre nosso procedimento.

REGAN
          Irmã, irás conosco?

GONERIL
Não.

REGAN
É o mais conveniente. Por favor, vem conosco.

GONERIL (*à parte*)
Oh, ho, conheço a charada! (*Para Regan*) Eu irei.
    Entra Edgar disfarçado como camponês

EDGAR (*para Albânia*)
Se vossa graça pudesse palestrar com homem tão
Pobre, ouve uma palavra.

ALBÂNIA (*aos outros*)
Eu os alcançarei.
                                Saem ambos os exércitos
          Fala.

EDGAR
Antes de lutares a batalha, abre esta carta.
Se tiveres vitória, que soe a trombeta
A quem a trouxe. Embora pareça um desgraçado,
Posso mostrar um defensor que provará
O que está afirmado aí. Se fracassares,
Teu negócio do mundo tem assim um fim,
E à maquinação cessa. Que a fortuna te proteja.

ALBÂNIA
Fica até eu ter lido a carta.

EDGAR
              Fui proibido.
Quando for a hora certa, que o arauto grite,
E eu aparecerei de novo.

ALBÂNIA
Então, adeus.
Examinarei teu papel.   *Sai Edgar*
   Entra Edmundo

EDMUNDO
O inimigo está à vista; prepara tuas forças.
   Ele oferece a Albânia um papel
Aqui está o cálculo de seu poderio e armas
Por diligente descoberta; mas a pressa
Agora é exigida de ti.

ALBÂNIA
Estaremos prontos.   *Sai*

EDMUNDO
A estas duas irmãs jurei meu amor,
Cada uma desconfiada da outra como os mordidos
Estão das cobras. Qual delas eu tomarei? —
Ambas? — uma? — ou nenhuma? Nenhuma pode ser
Fruída se ambas restarem vivas. Tomar
A viúva exaspera, enlouquece, sua irmã Goneril,
E dificilmente realizarei o meu lado
Com seu marido vivo. Agora, então, usaremos
Seu apoio pra batalha, que, estando terminada,
Que aquela que se livraria dele prepare
Sua acelerada partida. Quanto à piedade
Que ele pretende ter com Lear e Cordélia,
Finda a batalha, e eles aprisionados,
Nunca verão seu perdão; pois minha posição
Não depende de meu debate, mas de minha ação.   *Sai*

CENA II. UM CAMPO ENTRE OS DOIS ACAMPAMENTOS.

Alarme dentro. Entram, com tambor e bandeira, Lear, Cordélia e soldados, no palco, e saem. Entra Edgar, disfarçado como camponês, guiando o cego Gloucester.

EDGAR
Aqui, pai,[1] toma a sombra desta árvore
Como tua boa anfitriã; reza pro lado certo
Prosperar. Se eu retornar a ti novamente,
Trarei conforto.

GLOUCESTER
Que a graça vá contigo, senhor.　　*Sai Edgar*
　　Alarme e recuo dentro. Reentra Edgar

EDGAR
Vamos embora, velho. Dá-me tua mão. Vamos.
Rei Lear perdeu, ele e sua filha capturados.
Dá-me tua mão. Vamos.

GLOUCESTER
Não mais, senhor. Um homem pode perecer aqui mesmo.

EDGAR
O quê, com ideias doentias de novo? Os homens devem
Suportar sua partida daqui como a vinda
Pra cá. Maturação é tudo. Vamos.

GLOUCESTER
E isso é verdadeiro também.
　　　　　　　　　　　　Sai Edgar guiando Gloucester

---

[1] Ainda é um tratamento formal, equivalente a senhor, não é a revelação filial.

CENA III. O ACAMPAMENTO BRITÂNICO PERTO DE DOVER.

*Entram, em conquista, com tambor e bandeira, Edmundo;
Rei Lear e Rainha Cordélia como prisioneiros; soldados; um Capitão.*

EDMUNDO
Que alguns oficiais os levem. Guardai-os bem
Até que a vontade dos comandantes que vão
Julgá-los seja conhecida primeiro.

CORDÉLIA *(a Lear)*
Não somos os primeiros que,
Com boas intenções, incorreram no pior.
Por ti, Rei oprimido, estou aflita,
Sozinha, eu encararia a carranca da falsa
Fortuna. Não veremos essas filhas e irmãs?

LEAR
Não, não, não, não. Vem, vamos pra prisão. Nós dois sozinhos
Cantaremos como pássaros na gaiola.
Quando pedires bênção, me ajoelharei
E pedirei perdão a ti; assim vamos viver,
E rezar, e cantar, e contar velhos contos, e
Rir de dourados cortesãos, e ouvir pobres canalhas
Falar das novas da corte, e falar com eles também —
Quem perde e quem ganha, quem está dentro, quem está fora,
E observar o mistério das coisas como se fôssemos
Os espiões de Deus; e sobreviveremos
Numa prisão murada a blocos e seitas de grandes
Homens que fluem e refluem com a lua.

EDMUNDO
Levai-os daqui.

LEAR
Sobre teus sacrifícios, minha Cordélia,
Os próprios deuses te incensam. Já te abracei?

Quem nos separar vai precisar de fogo celeste
Pra nos fumegar como a raposas.[2] Limpa teus olhos.
A doença venérea[3] os devorará, corpo e pele,
Antes que nos façam chorar. Nós os veremos
Morrer de fome primeiro. Vem.
Saem todos exceto Edmundo e o Capitão

EDMUNDO
Vem aqui, capitão. Ouve.
Toma este bilhete. Vai e segue-os à prisão.
Um posto acima promovi-te[4] aqui; se fizeres
Conforme isto te instrui, abres teu caminho
A nobres fortunas. Saibas disso: que homens
São como o tempo pede. Uma mente afável
Não convém à espada. Este grande ofício
Não será questionado. Ou dizes que farás
Isto, ou prosperarás por outros meios.

CAPITÃO
Eu o farei, meu senhor.

EDMUNDO
Então vai e considera-te 'feliz' quando feito.
Vai, digo, imediatamente, e executa bem assim
Como estabeleci. *Sai o Capitão*
Fanfarra. Entram Albânia, Goneril, Regan, [tamboreiro, trombeteiro] e soldados

ALBÂNIA
Senhor, mostraste hoje teu valente esforço,
E a fortuna guiou-te bem. Tens os cativos

---

[2] Técnica de caçar raposas que consiste em botar fogo nas tocas para forçá-las a sair.
[3] *Goodyear*: provavelmente uma corruptela do termo francês *goujere / gougeers*.
[4] Pode ter sido uma promoção dada naquele momento ao oficial.

Que eram os opositores do conflito de hoje.
Eu de fato os exijo de ti, para usá-los
Conforme seus méritos e o que possa igualmente
Determinar nossa segurança.

EDMUNDO
                                Senhor, achei
Adequado enviar o velho e miserável Rei
A uma detenção com guarda designada,
Sua idade tem encantos, seu título mais ainda,
Podem puxar o povo comum pro lado dele
E virar nossos lanceiros conscritos contra nós
E ao comando dele. Com ele enviei a Rainha,
Minha razão sendo a mesma, e eles estarão prontos
Amanhã, ou em qualquer outro tempo, pra aparecer
Onde presidirás o julgamento.

ALBÂNIA
Senhor, com tua permissão,
Considero-te um súdito nesta guerra,
Não como irmão.

REGAN
                   É como escolho honrá-lo. Me parece
Que nossa vontade poderia ter sido pedida
Antes que falasses. Ele liderou nossas forças,
Portou o encargo de meu lugar e pessoa,
E essa proximidade pode muito bem ser válida
Pra chamá-lo de irmão.

GONERIL
                    Não tão rápido.
Em sua própria honra ele realmente se exalta
Mais do que tu lhe cederias.

REGAN
                      No meu direito,
Por mim concedido, ele se iguala aos melhores.

ALBÂNIA
Ele seria o máximo se te desposasse.

REGAN
Bobos com frequência revelam-se profetas.

GONERIL
Alô, alô — Esse olho
Que te disse isso parecia bem estrábico.

REGAN
Senhora, não estou bem, ademais eu devia
Responder de forma forte. (*Para Edmundo*) General,
Toma meus soldados, prisioneiros, meu patrimônio.
Dispõe deles, de mim. As muralhas são tuas.
Testemunha o mundo que eu crio aqui pra ti,
Meu senhor e amo.

GONERIL
                Queres desfrutar dele?

ALBÂNIA
A permissão não jaz em tua boa vontade.

EDMUNDO
Nem na tua, senhor.

ALBÂNIA
                        Caro mestiço, sim.

REGAN (*Para Edmundo*)
Que os tambores rufem e prova que é teu meu título.

ALBÂNIA
Fica ainda, ouve a razão. Edmundo, prendo-te
Por traição capital,[5] e, em teu conluio, esta
Serpente dourada [*aponta para Goneril*]. (*Para Regan*) E tua pretensão, bela irmã,
Eu a veto em benefício de minha esposa.
Ela está comprometida com este senhor,
E eu, seu marido, proíbo teu anúncio.
Se queres casar, dirige teu amor a mim,
Minha senhora está apalavrada.

GONERIL
                    Um interlúdio!

ALBÂNIA
Estás armado, Gloucester. Que a trombeta soe.
Se ninguém aparecer pra provar que tua pessoa
É um hediondo evidente, de muitas traições,
Eis meu desafio.
   [*Ele atira uma luva no chão*]
            E provarei em breve
Antes da próxima refeição, que tu és nada menos
Do que aqui te proclamei.

REGAN
Estou doente, Oh, doente!

GONERIL (*à parte*)
Se não, nunca confiarei na medicina.

EDMUNDO (*para Albânia, atirando uma luva no chão*)
Essa é minha resposta. Quem no mundo
Chamar-me traidor, é um vilão mentiroso.

---

[5] Traição cometida no Ato I, cena II (sobre a suposta carta do irmão).

Chama pela trombeta. Quem ousar se aproximar;
A ele, ou a ti, — quem não? — manterei
Minha verdade e honra firmemente.

ALBÂNIA
                                  Um arauto, vem!
Entra um Arauto
(*Para Edmundo*) Confia em ti somente, pois os teus soldados,
Todos recrutados em meu nome, foram, em meu nome,
Dispensados.

REGAN
Meu enjoo aumenta cada vez mais.

ALBÂNIA
Ela não está bem. Levai-a pra minha barraca.
                                Sai um ou mais com Regan
Vem aqui, arauto. Que a trombeta soe,
E lê isto em voz alta.
    Uma trombeta soa

ARAUTO (*ele lê*)
'Se algum homem de posto ou grau dentro do rol do exército sustentar que Edmundo, suposto Conde de Gloucester, é um traidor múltiplo, que apareça ao terceiro soar da trombeta. Ele é audaz em sua defesa.'
    Primeira trombeta
De novo.
    Segunda trombeta
De novo.
    Terceira trombeta.
    Uma trombeta responde dentro. Entra Edgar, armado[6]

---

[6] Conforme combinado anteriormente com o Duque de Albânia (Ato V, cena I).

ALBÂNIA (*ao Arauto*)
Pergunta-lhe seu propósito, por que ele aparece
A esta chamada da trombeta.

ARAUTO (*a Edgar*)
                              Quem és tu?
Teu nome, teu posto, e por que respondes
A esta presente intimação?

EDGAR
                            Sabei, meu nome está
Perdido, roído pelo dente da traição
E comido por vermes. Porém, sou tão nobre quanto
O adversário que venho combater.

ALBÂNIA
                     Qual adversário?

EDGAR
Quem é que fala por Edmundo, Conde de Gloucester?

EDMUNDO
O próprio. O que tens a dizer a ele?

EDGAR
                              Saca tua espada,
Que se meu discurso ofende um coração nobre,
Teu braço possa te fazer justiça. Aqui está a minha.
   Ele saca sua espada
Vê, é o privilégio de minha honra,
Meu juramento e minha profissão.[7] Eu declaro,
Malgrado tua força, lugar, juventude e eminência,
Espada vencedora e fortuna recém-forjada,

---

[7] Referindo-se à espada, por ser um cavaleiro.

Teu valor e teu coração, tu és um traidor,
Falso a teus deuses, teu irmão, e teu pai,
Conspirando contra este príncipe[8] altamente ilustre,
E do topo mais extremo de tua cabeça,
Descendo ao pó sob teu pé,
Um traidor dos mais infames. Diz não,
E esta espada, este braço, e meu melhor ânimo estão
Flexionados pra provar em teu coração,
A quem eu falo, que tu mentes.

EDMUNDO
Por sabedoria, eu devia perguntar teu nome,
Mas já que pareces tão belo e guerreiro,
E teu discurso respira educação,
A salvo e justamente eu poderia recusar
A luta pela regra dos cavaleiros, mas vou
Lutar. Lanço de volta essas traições em teu rosto,
Com a mentira odiada devasto teu coração,
Pois elas me vislumbram e mal me ferem,
Esta minha espada lhes dará um fim imediato
Onde repousarão pra sempre. Trombetas, tocai!
  Alarmes. Eles lutam. Edmundo é subjugado

[TODOS]
Poupa-o, poupa-o!

GONERIL   Isto é trapaça, Gloucester.
Pela lei das armas tu não tinhas que revidar
Um opositor desconhecido. Não estás subjugado,
Mas enganado e iludido.

---

[8] Duque de Albânia.

ALBÂNIA
                    Fecha tua boca, dama,
Ou com este papel eu a fecharei.
[*Para Edmundo, entregando a carta*] Aguarda, senhor, tu, pior que qualquer palavra:
Lê teu próprio mal.
(*Para Goneril*) Sem rasgar, senhora. Percebo que conheces isso.

GONERIL
E se eu souber, as leis são minhas, não tuas.
Quem pode me acusar por isso?   *Sai*

ALBÂNIA
                    Monstruosíssima! —
Oh, conheces este papel?[9]

EDMUNDO
Não me perguntes o que eu sei.

ALBÂNIA
Ide atrás dela. Está desesperada. Dominai-a.

EDMUNDO
Do que me acusas, eu tenho feito,
E mais, muito mais. O tempo trará tudo à luz.
Tudo acabou, e eu também. (*Para Edgar*) Mas quem és tu,
Que prevaleceu sobre mim? Se és nobre,
Eu realmente te perdoo.

EDGAR
                    Vamos trocar perdão.
Não tenho sangue menos nobre do que o teu, Edmundo.

---

[9] No texto do Quarto, ele se dirige à Goneril, forçando-a a admitir que escreveu a carta tramando a morte dele; neste texto, do Folio, ele fala com Edmundo, enquanto Goneril tenta tomar a carta (fala anterior).

Se mais, mais tens me maltratado.
    [*Ele tira seu elmo*]
Meu nome é Edgar, e filho do teu pai.
Os deuses são justos, e de nossos amenos vícios
Fazem instrumentos pra nos flagelar.
O lugar escuro e nefasto em que ele te gerou
Custou-lhe seus olhos.[10]

EDMUNDO
                          Falaste bem. Isso é verdade.
A roda completou um círculo inteiro. Aqui estou.

ALBÂNIA (*para Edgar*)
Pareceu-me que teu jeito de andar pressagiou
Uma nobreza real. Devo abraçar-te.
Que a tristeza parta meu coração se alguma vez
Odiei a ti ou a teu pai.

EDGAR
Digno príncipe, eu sei.

ALBÂNIA
Onde tens te escondido?
Como soubeste das misérias de teu pai?

EDGAR
Zelando por elas, meu senhor. Ouve um breve conto,
E quando findo, Oh, que meu coração explodisse!
Escapar do sangrento decreto que me seguiu
Tão de perto — Oh, a doçura de nossas vidas,
Que nos leva a morrer a dor da morte hora a hora
Em vez de morrer de uma vez! — ensinou-me a usar
Os trapos de um louco, para assumir uma aparência
Que os próprios cães desdenhavam; e nesses trajes

---

[10] O adultério provocou a perda dos olhos (escuridão).

Encontrei meu pai com suas órbitas sangrando,
As gemas recém-perdidas; me tornei seu guia,
Conduzi-lhe, mendiguei pra ele, salvei-o do
Desespero; nunca — Oh que falha! — revelei-me a ele,
Até uma meia hora atrás, quando eu estava armado.
Sem certeza, embora esperando bom êxito nisso,
Pedi sua bênção, e do início ao fim contei-lhe sobre
Minha peregrinação; mas seu coração frágil —
Ai de nós, fraco demais pra suportar o conflito —
Entre dois extremos de paixão, alegria e mágoa,
Explodiu risonhamente.

EDMUNDO
                Teu discurso tocou-me,
E porventura fará bem. Mas fala mais —
Parece que tinhas algo mais a dizer.

ALBÂNIA
Se há mais, algo mais pesaroso, segura,
Pois estou quase pronto a dissolver-me
Ouvindo isso.
    Entra um Cavalheiro com uma faca sangrenta

CAVALHEIRO
Socorro, ajuda, Oh, socorro!

EDGAR
                    Que tipo de socorro?

ALBÂNIA
Fala, homem.

EDGAR
O que significa essa faca sangrenta?

CAVALHEIRO
Está quente, fumega.
Veio reta do coração de — Oh, ela está morta!

ALBÂNIA
Quem está morta? Fala, homem.

CAVALHEIRO
Tua senhora, senhor, tua senhora; e a irmã dela
Por ela está envenenada. Ela confessa.

EDMUNDO
Eu estava empenhado com ambas; todos os três
Agora se casam num instante.

EDGAR
                        Aí vem Kent.
Entra o Conde de Kent como ele mesmo

ALBÂNIA
Trazei os corpos, estejam eles vivos ou mortos.
Os corpos de Goneril e Regan são trazidos
Este julgamento dos céus, que nos faz tremer,
Não nos toca com piedade. — Oh, esse é ele?
(*Para Kent*) O tempo não permitirá o cumprimento
Que os próprios modos urgem.

KENT
                      Eu vim
Pra dar ao meu rei e amo uma boa noite.
Ele não está aqui?

ALBÂNIA
                Grande coisa esquecida por nós! —
Fala, Edmundo; onde está o Rei, e onde está Cordélia? —
Vês este objeto, Kent?

KENT
Ai de nós, por que isso assim?

EDMUNDO
No entanto, Edmundo foi amado.
Uma envenenou a outra por minha causa,
E depois se matou.

ALBÂNIA
                Mesmo assim. Cobri seus rostos.

EDMUNDO
Eu desejo a vida. Algum bem quero fazer,
Apesar de minha própria natureza. Enviai rápido,
Ao castelo, sede breve nisso, pois minha ordem
É contra a vida de Lear e Cordélia.
Isso, enviai alguém a tempo.

ALBÂNIA
                Corre, corre, Oh, corre!

EDGAR
A quem, meu senhor? — Quem está encarregado? Envia
Teu símbolo de suspensão.

EDMUNDO
Bem pensado! Pega minha espada. O capitão,
Entrega-a ao capitão.

EDGAR
                Apressa-te, por tua vida.
                              Sai o Cavalheiro

EDMUNDO (*para Albânia*)
Ele tem ordens de tua esposa e de mim
Para enforcar Cordélia na prisão e

Por a culpa em seu próprio desespero,
Que ela se matou.

ALBÂNIA
Que os deuses a defendam! — Retirai-o daqui um pouco.
Alguns saem com Edmundo
Entra Rei Lear com a Rainha Cordélia em seus braços, seguido pelo Cavalheiro

LEAR
Uivai, uivai, uivai, uivai! Oh, sois homens de pedra.
Se eu tivesse vossas línguas e olhos, eu os usaria
Pra romper a arcada do céu. Ela se foi pra sempre.
Eu sei quando alguém está morto e quando vive.
Ela está tão morta quanto a terra.
  [*Ele a coloca no chão*]
                              Emprestai-me um espelho.
Se seu alento nublar ou manchar o vidro,
Ora, então ela vive.

KENT
                    Este é o fim prometido?

EDGAR
Ou a imagem desse horror?

ALBÂNIA
                    Que desabe e cesse.

LEAR
Esta pluma se agita. Ela vive. Se for assim,
É uma chance que de fato redime todas as mágoas
Que eu já senti.

KENT [*ajoelhando-se*]
Oh meu bom amo!

LEAR
Por favor, te afasta.

EDGAR
     É o nobre Kent, teu amigo.

LEAR
Uma peste sobre vós, assassinos, traidores todos.
Eu poderia tê-la salvo; agora ela se foi
Pra sempre. — Cordélia, Cordélia: fica um pouco. Hã?
O que dizes? — Sua voz foi sempre suave,
Gentil e baixa, uma coisa excelente numa mulher. —
Eu matei o escravo que estava te enforcando.

CAVALHEIRO
É verdade, senhores, ele o fez.

LEAR
      Não fiz, meu caro?
Nos meus dias, com minha boa e aguda cimitarra,
Eu os teria feito pular. Estou velho agora,
E estas mesmas cruzes me estragam. (*A Kent*) Quem és tu?
Meus olhos não são os melhores, já te digo.

KENT
Se a fortuna gabar-se de dois que ela amou
E odiou, um deles contemplamos.

LEAR
      Minha vista está turva.
Tu não és Kent?

KENT
O mesmo, teu criado Kent.
Onde está teu criado Caio?[11]

---

[11] O pseudônimo de Kent, quando estava disfarçado.

LEAR
Ele é um bom companheiro, isso posso dizer. Sem medo
De lutar, e rápido também. Está morto e podre.

KENT
Não, meu bom senhor, eu sou esse homem —

LEAR
Verei isso em breve.

KENT
Que do início de vosso declínio e decadência
Tenho seguido vossos tristes passos.

LEAR
        És bem-vindo.

KENT
Não era outro homem. Tudo está lúgubre, escuro
E mortal. Vossas filhas mais velhas se destruíram,
E estão desesperadamente mortas.

LEAR
        Assim penso.

ALBÂNIA
Ele não sabe o que diz; e não tem sentido
Que nos apresentemos a ele.
 Entra um Mensageiro

EDGAR
       Muito inútil.

MENSAGEIRO (*para Albânia*)
Edmundo está morto, meu senhor.

ALBÂNIA
                       Isso é nada aqui. —
Senhores e nobres amigos, saibais meu intento.
O conforto que vier a este grande declínio
Será aplicado; da nossa parte, renunciaremos
Durante a vida de sua velha majestade,
A ele nosso poder absoluto;
(*A Edgar e Kent*)   a vós, vossos
Direitos, com vantagens e acréscimos que vossas
Honras têm mais que merecido. Todos os amigos
Provarão os benefícios de suas virtudes, e todos
Os adversários a taça de seu mérito. — Oh, vede!

LEAR
E minha pobre tolinha enforcada. Sem, sem, sem vida?
Por que deviam um cão, um cavalo, um rato, ter vida,
E tu sem alento algum? Não virás mais.
Nunca, nunca, nunca, nunca, nunca.
[*A Kent*] Por favor, desabotoa isto. Obrigado, senhor.
Vês isso? Olha pra ela. Olha, seus lábios.
Olha lá, olha.   *Ele morre*

EDGAR
Desmaiou. (*A Lear*) Meu senhor, meu senhor!

KENT [*a Lear*]
Parte, coração, rogo, parte.

EDGAR (*a Lear*)
                              Olha aqui, meu senhor.

KENT
Não perturba seu espírito. Oh, deixa ele partir.
Ele odiaria quem, no martírio deste árduo mundo,
Esticasse-o ainda mais.

EDGAR
>Ele se foi, de fato.

KENT
O espanto é que tenha durado tanto.
Ele simplesmente usurpou a própria vida.

ALBÂNIA
Levai-os daqui. Nosso presente assunto
É a angústia geral. (*A Edgar e Kent*) Vós ambos, de minha alma amigos,
Regei este reino, e mantende este estado ferido.

KENT
Tenho uma jornada, senhor, em breve a iniciar:
Meu amo me chama; não devo recusar.[12]

EDGAR
Deste triste tempo o peso temos que obedecer,
Falar o que sentimos, não o que devemos dizer.
O mais velho sofreu mais. Nós, que jovens somos,
Nunca veremos tanto, nem viveremos tão longo.
>*Saem com uma marcha fúnebre, carregando os corpos*

---

[12] A jornada é para a morte, para juntar-se a seu amo, Lear.

SOBRE O TRADUTOR

Gentil Saraiva Jr. é professor de Inglês e Português, tradutor, poeta, escritor, editor e revisor. Tem graduação (Licenciatura Plena em Letras), mestrado e doutorado (tradução de poesia) pelo Instituto de Letras da UFRGS. Mineiro de nascimento e gaúcho por adoção (mora em Porto Alegre desde 1986), o poeta / escritor continua escrevendo, traduzindo poesia e publicando sua obra em formato eletrônico e impresso. Escreveu os livros *Semente de Estrelas* e *Canto do Amor Em Si* nos anos de 2004 e 2005, num momento de grande inspiração. Seu foco em tradução continua sendo *Folhas de Relva*, a obra poética de Walt Whitman, que está publicada nas plataformas da Amazon para autores independentes: CreateSpace e Kindle Direct Publishing. Também é autor da *Gramática Bilíngue Inglês-Português*, da *Gramática do Português Atual* e de *Versificação em Português*, entre outras obras; visite a página do autor em:
https://www.amazon.com/author/gentilsaraivajr

CONTINUE COM A GENTE!

- Editora Martin Claret
- editoramartinclaret
- @EdMartinClaret
- www.martinclaret.com.br